यशवंत छात्रों के लिए

|| कृष्ण नवनीत ||

मुल्य : १५३

यशवंत छात्रों के लिए

|| कृष्ण नवनीत ||

लेखिका
श्रीमती भावना अशोक बढे
पुदुचेरी

भावानुवाद
श्री. अरविंद चांदोरकर
नागपुर

प्रथम आवृत्ति : १९-१२-२०१८ (गीता जयंती)

प्रकाशक

Midam Charitable Trust,
Midam Ashram, RS No. 144/5, Earraikkarai Road,
Kothapurinatham Village,
Puducherry 605102

संपर्क : अरविंद चांदोरकर ८२७५७५५१७२ (8275755172)

मुद्रक

वेदिका ग्राफिक्स,
गाला क्र. १४१, विंग ३, रजत संकुल,
मुख्य बस स्थानक के सामने, गणेश पेठ,
नागपूर ४४००१८.

इस पुस्तक में उपयोगित चित्रकृतियों के स्वामित्व अधिकार, चित्रकृतियोंके अंत में, जिस संबंधित कलाकार के नाम का उल्लेख किया गया हैं उनके नाम हैं । जिन चित्रकृतियों में किसी नाम का उल्लेख नहीं हैं ऐसी सभी चित्रकृतियां निःशुल्क तथा किसी अवरोध के बिना उपयोग में लाने लायक है। किसी भी संस्था अथवा व्यक्ती को इस पुस्तक के किसी भी भाग का, किसी भी स्वरूप में पुनःप्रयोग, उपयोग के लिए प्रकाशक से लिखीत पूर्वानुमति प्राप्त करना अनिवार्य है। उपनिर्दिष्ट चित्रकृतियों को छोड़ अन्य सभी के स्वामित्व अधिकार प्रकाशकों के आधीन हैं।

प्रस्तावना

श्रीमती भावना बढे जी द्वारा छात्रों के लिए श्रीमद्भगवद्गीता पर लिखित Krishna's Butter For Champion Students अंग्रेजी पुस्तक के हिंदी भावानुवाद की टंकलिखित प्रती लेकर श्रीमान अरविन्दराव चांदोरकर मेरे घर आये और मुझसे प्रस्तावना हेतू बिनती की।

संपूर्ण हिंदी भावानुवाद को पढ़ने के बाद यह प्रतीत होता है कि श्रीमदभगवद्गीता का परिचय कराने हेतू तथा गीता का परामर्श करने प्राध्यापक या डॉक्टरेट की उपाधि होना अनिवार्य नहीं है। श्रीमान अरविन्दराव चांदोरकर जैसा समाजसेवक व्यक्ति जिस के मन में भारतीय तत्त्वज्ञान के प्रती आस हो, जो अध्ययनशील होने के साथ साथ सूक्ष्म और तीक्ष्ण अनुभूति भी रखता हो ऐसा व्यक्ति भी भावानुवाद द्वारा गीता का यथार्थ सादरीकरण करने की क्षमता रख सकता है।

मराठी भावानुवाद की तरह हिंदी भावानुवाद भी लघुभाष्य स्वरूप है। यह सुलभ जरुर है परन्तु सरल अनुवाद नहीं है । भावानुवाद और अनुवाद में स्वाभाविक रूप से अंतर होता है। भावानुवाद करते समय भावानुवादक को स्वयं की प्रतिभा का मुक्त उपयोग करने का स्वातंत्र्य होता है। किंतु भावानुवाद को सशक्त एवं प्रभावी बनाने के इस प्रयास में मूल कलाकृति की आत्मा को तनिक मात्र क्षति न पहुंचे यह दायित्व भी उसे पूरी तरह निभाना पड़ता है। जब कि अनुवादक, अनुवाद करते समय सिमित स्वातंत्र्य का उपयोग करता है परिणामस्वरूप अनुवाद क्लिष्ट या रुखा होने कि संभावना रहती है । अपितु इसका यह अर्थ नहीं है कि अनुवादित कलाकृति की साहित्यिक मौलिकता कम हो जाती है। गीता की ऐसी अनेकों मौलिक अनुवादित कलाकृतियों में, आचार्य विनोबाजी कृत ''गीताई'' एकमेवाद्वितीय है।

श्रीमान चांदोरकर जी ने भावानुवाद का मार्ग इसलिए अपनाया क्यों कि उन्हें गीता का ज्ञान समाज के सर्व सामान्य छात्रों के साथ साथ समाज के न्यूनतम वर्ग से आये छात्रों तक भी पहुंचना था। गीता के संदेश का अनुसरण छात्र अपने दैनिक जीवन में करें यह भी उनका उद्देश था। इस विषय में श्रीमती भावना बढे जी का योगदान निःसंशय अमूल्य है। साथ साथ यह भावानुवाद श्रीमान चांदोरकरजी के स्वतंत्र योगदान को भी अधोरेखित करने के प्रती सशक्त है।

छात्रों में गीता जैसे गहन ग्रन्थ के प्रती रुची उत्पन्न करने के लिए यह आवश्यक था की गीता के सातसों श्लोकों में से चुनिन्दा एवं यथोचित श्लोकों का चयन किया जाए। इस कठिन कार्य की जिम्मेदारी को श्रीमती भावना बढे जी ने अत्यंत उचित रूप से और बड़ी ही आसानी से निभाया है। श्रीमान अरविन्द चांदोरकर जी ने इनका हिंदी भावानुवाद ऐसी सटीकता से किया है कि माध्यमिक तथा महाविद्यालयीन छात्रों को आसानीसे समझ आता है। संस्कृत श्लोकों का अर्थ तो विदित किया ही है परन्तु उनका भावार्थ भी इस खूबी से समझाया है कि अध्ययन करते करते छात्र संस्कारित भी हो जाते हैं। जैसे कि मृत्यु कोई अंतिम अंत नहीं है । आत्मा की अखंड यात्रा की संकल्पना के बारेमे जैसे ही छात्र अवगत हो जाते है, मृत्यु का भय कम हो जाता है। कर्म करते समय या कोई कर्तव्यपूर्ति करते समय किसी फलप्राप्ति की अपेक्षा न करना यह वचन भी छात्रों पर संस्कार कर जाता है। इसी तरह सन २०१६ में चेन्नई में आई अतिवृष्टी की आपदा का दृष्टांत छात्रों को सकारात्मक दृष्टिकोण की शिक्षा सहजता से दे जाता है। इस पुस्तक के ग्यारहवे अध्याय का उपयोग जैसे छात्र को आदर्श बनाने हेतु किया गया है। तेरहवे अध्याय में वर्णित गेंद के खेल के द्वारा दी गयी यह सीख कि सदैव सतर्क रहने से यकायक आनेवाली आपदा का सामना सफलता से किया जा सकता है, छात्रों पर उचित और अनुकूल परिणाम करती है। कठिन आपदा

के समय शांतचित्त रहना किस तरह उस समस्या का सामना सफलतापूर्वक करने के लिए सहायकारी होता है यह भी छात्र सहजता से समझ जाते है। इस भावानुवाद में छात्र तथा अभिभावक दोनों को स्वतंत्र निर्णय लेनेका का महत्त्व समझाया गया है।

भारत में अनेको भाषाओं में, अनेको प्रकार के गीताभाष्य, गीता टिपण्णी इत्यादि साहित्यिक कृतिया कई गणमान्य विचारवंतों द्वारा प्रस्तुत की गयी है परन्तु केवल छात्र संस्कारों के प्रमुख उदेश्य से किया गया यह भावानुवाद अपवादात्मक कहा जा सकता है। इस पुस्तक में समाविष्ट की गई विविध समर्पक और आकर्षक चित्रकृतिया अध्याय के आशय को सरलता से समझा ने का कार्य अत्यंत सहजता से करती है। तात्पर्य, इस भावानुवाद के कर्ता अभिनन्दन के पात्र है।

डॉक्टर वि. स. जोग.
मांडवी, हिंदुस्तान कॉलोनी,
वर्धा मार्ग,
नागपुर. ४४००१५.
दूरध्वनीः ०७१२– २२५२८४२

अभिप्राय

जिस तरह कोई दादीमाँ अपने पोते-पोतियों को बहुत खूबियों से, अनेकों रंग भरकर कहानी सुनाती है ठीक उसी सहजता से श्रीमती भावना बढे जी ने श्रीमद्भगवद् गीता जैसे गहन विषय को छात्रों को आसानी से समझाने का प्रयास किया है। सातसौ श्लोकों से युक्त श्रीमद्भगवद् गीता, जिसका अभ्यास लोग सामान्यतः चालीस वर्ष आयु के उपरांत करना शुरू करते हैं, उसका उपयोग छात्रों के चरित्र संवर्धन हेतू किया जा सकता है यह कल्पना ही निश्चित रूपसे सुंदर और सराहनीय है । लेखिका महोदया ने इन सातसौ श्लोको में से लगभग एक सौ श्लोकों का चयन कर उनके विवेचन द्वारा छात्र कैसे लाभान्वित हो सकते हैं यह स्पष्ट किया है। गीता का मुख्य संदेश है- सीखना, सिखाना और सीखे हुए को आचरण में लाना । याने ''अर्जुन के समान आदर्श बनो यह सिखना और स्वयं भी इस सीख को आचरण में लाना'' यह सुंदर संदेश गुरु-शिष्य के आपसी रिश्ते को कैसे दृढ़ बनाता है यह लेखिका महोदयाने बहुत ही सहजता से स्पष्ट किया हैं।

युद्धभूमि पर क्षोभग्रस्त, भ्रमित तथा मानसिक रूपसे हतप्रभ वीरयोद्धा अर्जुन एक अच्छा छात्र व शिष्य बनकर अपने गुरु भगवान श्रीकृष्ण के मार्गदर्शन का अनुसरण करके, अपनी आंतरिक शक्ति को योग्य दिशामे ले जा कर, पुनः अपने वास्तविक चरित्र तथा स्वभाव को कैसे अपना लेता है इसका अत्यंत सुन्दरता से प्रकटीकरण लेखिका महोदयाने इन सौ श्लोकों के उचित स्पष्टिकरण द्वारा सटीकता से किया हैं। ''पूर्णरूप से अनासक्त रहकर सर्वोत्तम कर्तव्यपूर्ति के प्रति समर्पित होना'' कर्मयोग की यह शिक्षा छात्रों को दी गयी हैं। छात्रों को अपनी शारीरिक क्षमताकी वृद्धि के प्रति प्रयत्नशील रहते हुए यह भी स्मरण रखना आवश्यक हैं कि इन्द्रियों से श्रेष्ठ है मन, मन से श्रेष्ठ है

जागृत बुद्धि और जागृत बुद्धि से श्रेष्ठ हैं चिरंजीवी आत्मतत्त्व । इस चिरंतन सत्य को ध्यान में रखते हुए उनको सही दिशा में मार्गक्रमण करना चाहिए।

स्वयं के प्रगति के पश्चात् ''वैश्विक छात्र'' बनना इस समय की सब से प्रमुख आवश्यकता है यह समझाते हुए लेखिका महोदयाने युक्ताहार ''विहारस्य युक्तचेष्टस्य कर्मसु'' यह संदेश विशेष रूप से विदीत किया हैं। छात्रों द्वारा इस दिशा में किए जाने वाले प्रयासों से उन में ईश्वर के प्रती असीम श्रद्धा निर्माण हो कर उन्हें ईश्वरीय गुणों का ज्ञान हो इस रीतिसे यह सम्पूर्ण रचना की गयी हैं। यह अभ्यास करते हुए छात्रों को अपने में स्थित सत्त्व, रजस्, तमस् आदि त्रिगुणों को जान कर स्वयं के गुण-प्रवृत्ति के अनुसार कैसे प्रगतिपथ पर चलना है यह सुन्दरता से विदित किया हैं। आज प्रसिद्ध परामर्शदाता और मनोवैज्ञानिक जो परामर्श छात्रों को मार्गदर्शन करते समय देते हैं वैसेही परामर्श विविध उदाहरणों द्वारा लेखिका महोदयाने दिए है। हर प्रकार कि परिस्थिति का परिपूर्ण तथा विविध अंगों से अवलोकन, अभ्यास करने के उपरांत अर्जुन जिस तरह अंतिम निर्णय लेता है और उसे निभाता है उसी तरह जीवन मार्ग पर चलनेका छात्र अगर प्रण करते है तो उनका जीवन निश्चित रूपसे कैसे सफ़ल होगा इसका लेखिका महोदयाने अत्यंत सरलतासे वर्णन किया है।

श्रीमती भावना बढे जी द्वारा अपने गुरु श्रीमान मधुसूदन दामले जी के मार्गदर्शन में लिखी इस पुस्तक की जितनी सराहना की जाए वह उतनीही कम है। लेखिका महोदया का पुनः अभिनन्दन करते हुए छात्रों से आवाहन करता हूँ कि वे इसे गीता का प्रसाद मान कर ग्रहण करे और अपने चरित्र को संवर्धित करे ।

श्री. राम मोरेश्वर खांडवे,
कार्यवाह, योगाभ्यासी मंडल,
रामनगर, नागपुर.

अभिप्राय

भगवद्गीता विश्व की सर्वाधिक प्राचीन जीवंत संस्कृति एवं महान भारतीय सभ्यता का मूर्त प्रमाण है, के कुछ महत्त्वपूर्ण निहितार्थों को स्पष्ट रूप में अभिव्यक्ति प्रदान करने हेतु, जो विशेष तौर से विद्यार्थियों के लिए महत्त्वपूर्ण है, एक सरल व सुबोध मीमांसा डॉ. भावना बढ़े जी द्वारा ''कृष्ण नवनीत' में प्रस्तुत की गई है।

भगवद्गीता में प्रतिपादित विषय-ज्ञान जीवन व जगत के लिए अद्भुत, अद्वितीय एवं सर्वथा लाभदायी है साथ ही वह जीवन उद्देश्य को पूर्ण करने का कल्याणकारी तथा प्रामाणिक मार्गदर्शक भी है। ऐसे ग्रंथ के सभी अध्यायों में विद्यमान क्रमशः उन प्रमुख श्लोकों को, जो विद्यार्थियों के लिए समुचित रूप में उपादेय हैं, का चयन करके डॉ. भावना बढ़े जी ने इस पुस्तक में सुगम्य व्याख्या प्रस्तुत की है। मेरा विश्वास है कि प्रस्तुत पुस्तक विद्यार्थियों को संबल प्रदान करते हुए उनके पुरुषार्थ निर्धारण एवं तदनुरूप लक्ष्य प्राप्ति में एक समीचीन अभिभावक की भूमिका का निर्वहन करेगी।

डॉ. संजय कुमार तिवारी
महात्मा गांधी अंतरराष्ट्रीय हिंदी विश्वविद्यालय, वर्धा (महाराष्ट्र)

ऋण निर्देश

पुदुचेरी स्थित मेरी गुरु भगिनी श्रीमती भावना बढे जी द्वारा लिखित "Krishna's Butter" इस अंग्रेजी पुस्तक के ज्ञान का लाभ अधिक से अधिक छात्रों को मिल सके इस उद्देश से उसका मराठी में भावानुवाद करने का सुझाव मेरे गुरुजी प. पू. श्री. दामलेजी और स्वयं श्रीमती भावनाजी बढे ने जब मुझे दिया तब मेरा मन संमिश्र भावनाओं से घिर गया। एक ओर, उन दोनों ने मुझे इस कार्य के लिए सक्षम समझा इस बात से मन उल्हसित था तो दुसरी ओर उसी समय, साहित्यिक पूर्वानुभव न होनेसे यह आशंका भी उठ रही थी की क्या मैं, श्रीमती भावनाजी बढे द्वारा आध्यात्मिक विषय पर अत्यंत सशक्त अंग्रेजी भाषा शैली में लिखीत "Krishna's Butter" इस मूल पुस्तक की आत्मा को बिना क्षति पहुंचाए वह सब ज्ञान उतनी ही सरलता और ओज से भावानुवाद् में व्यक्त कर पाऊँगा? गुणीजन तथा संबंधित महाजनों ने मेरा उत्साह बढ़ाया और श्री हरिकृपा और गुरुकृपा से वह कार्य संपन्न हुआ।

कुछ अंतराल के बाद इसी कार्य को और आगे बढाने के लिए इस पुस्तक का हिन्दी में भी भावानुवाद करने का विषय सामने आया तब श्री हरिकृपा और गुरुकृपा में विश्वास, विषय में रुची और मराठी पूर्व प्रयास को मिले प्रतिसाद से उत्साहीत होकर किंतु अब कुछ कम आशंका से तथापि धैर्य जुटाकर मेरे गुरूजी प. पू. श्री. दामलेजी के समक्ष हिंदी भावानुवाद करने का यत्न करने की अनुमति मांगी। आशंका केवल इस बारे में थी की मेरी मातृभाषा हिंदी न होकर मराठी होने के कारण क्या मैं हिंदी संस्करण उतनी ही सरलता और ओजता से कर पाऊंगा? प. पू. श्री. दामलेजी ने अपना आशीर्वाद और अपनी अनुमति प्रदान कर न केवल उत्साहीत किया परन्तु

यह विश्वास भी दिलाया की तुम यह जरुर कर पाओगे। इस सम्पूर्ण प्रयास की प्रक्रिया में समय समय पर मुझे उनका अमूल्य और विविधांगी मार्गदर्शन तथा सहायता मिलती रही। इसके लिए मैं सदैव उनका ऋणान्वित हूँ, आभारी हूँ। मेरे इस प्रथम हिंदी प्रयास में जो जो उत्कृष्ट, उत्तम हैं वह सब उनकी कृपा के कारण हैं और जो कुछ सामान्य या निकृष्ट हैं वह सब मेरी कमतरताओं के कारण हैं। श्रीमती भावना बढे जी ने भी हिंदी भावानुवाद की अनुमति प्रदान की इसलिये मैं उनका भी आभारी हूँ। प्रत्यक्ष भावानुवाद का प्रारंभ किया तब मन में विचार आया की अगर मैं मेरे समधी सिंघल दंपत्ति, जिनकी मातृभाषा हिंदी है, उनसे अगर लेखन का प्राथमिक अवलोकन करने की बिनती करू, तो छोटी-मोटी गलतियाँ तुरंत सुधारकर मेरा काम सरलाता से और गती से आगे बढ़ सकता हैं। उन दोनो ने बिना-विलंब हां भर दी और बहुत सहायता की। मैं उन दोनों का हृदयसे आभारी हूँ।

कुछ समय बाद जब भावानुवाद का काम पूरा हुआ तो इस सम्पूर्ण टंकलिखित प्रती का विस्तृत और सूक्ष्म परिक्षण करके इस में शेष व्याकरण, टंकलेखन तथा अन्य तरहकी गलतियाँ ढूँढ कर आवश्यक साहित्यिक संस्करण करना भी जरुरी था। एक दिन बातों बातों में वर्धा स्थित मेरी बेटी मानसी केलकर ने कहा की उनके एक परिचित सज्जन हैं प्रा. (श्री) संदीप सपकालेजी जो दूर शिक्षा निदेशालय, महात्मा गांधी अंतरराष्ट्रीय हिंदी विश्वविद्यालय वर्धा में हिंदी तुलनात्मक साहित्य के प्राध्यापक हैं वे इस कार्य में सहायता कर सकते हैं। मेरे हां भरने के बाद बेटी मानसी ने तुरंत प्रा. (श्री) संदीप सपकालेजी से संपर्क किया और श्री. सपकालेजी ने भी बिना कोई हिचकिचाहट, जो भी सहायता वह कर सकते हैं वह पुरजोर से करने का वादा किया। श्री. सपकालेजी को लेखन की ''सॉफ्ट कॉपी'' भेजने के बाद उन्होंने, उसी संस्था में कार्यरत उनके सन्माननीय सहकारी डॉ. संजय कुमार तिवारीजी, जो की बनारस हिन्दू विश्वविद्यालय से दर्शन शास्त्र में पारंगत

स्नातकोत्तर एवं आचार्य पदवी से विभूषित हैं, इन्हें मेरी तरफसे यह कार्य करने की बिनती की, डॉ. संजय कुमार तिवारीजी का बड़प्पन भी इतना की बिना मेरे किसी सीधे संपर्क के बावजूद उन्होंने न सिर्फ विना-विलम्ब हां भर दी अपितु शीघ्रातीशीघ्र यह काम पूरा भी कर दिया। मै प्रा. (श्री) संदीप सपकालेजी और डॉ. संजय कुमार तिवारीजी का हृदय से आभारी हूँ।

इस कार्य के अंतर्गत अंग्रेजी पुस्तक के मराठी भावानुवाद को जिन दो सन्माननीय महोदयों के अभिप्राय स्वरूप आशिष प्राप्त है अगर उन के आशिष इस हिंदी प्रयास को भी प्राप्त हो तो इस प्रयास का महत्त्व बढ़ जाएगा इस विचार से उन दोनों से अभिप्राय देने के लिए बिनती की और दोनो ने भी अपने आशिष स्वरूप अभिप्राय प्रदान किए। इसलिए मै नागपुर के पूज्य जनार्दनस्वामी योगाभ्यासी मण्डल के कार्यवाह श्री. राम मोरेश्वर खांडवेजी और इस वर्ष विदर्भ साहित्य संघ द्वारा ''जीवनव्रती'' तथा गिरीश गांधी फाउंडेशन द्वारा ''उत्कृष्ट समीक्षक'' इन पुरस्कारों से सम्मानित प्रसिद्ध साहित्यिक डॉ. वि. स. जोग जी इन दोनों का हार्दिक आभारी हूँ।

हर पाठ में समाविष्ट शिक्षा को छात्र गण शीघ्र और सुलभता से समझ सके इस हेतु से मूल अंग्रेजी पुस्तक में उपयोगीत किए गए चित्रों का तथा मुख और मूल पृष्ठोंका उपयोग इस भावानुवाद में भी करने की अनुमति देने के लिए सभी संबंधित चित्रकारों का मै आभारी हूँ।

श्रीमती भावना बढे जी के ''गीतोपदेश में अध्याहृत अध्यात्म की नीव को बिना हानी पहुंचाए छात्रोंको उपयुक्त मार्गदर्शन करना'' इस उद्देश को कायम रखनेके लिए, भावानुवाद करते समय कही कही (छात्रोंकी इस विषय की समझ की तुलनामे) कठिन प्रतीत होनेवाले शब्दों का प्रयोग करना मैंने आवश्यक समझा। किंतु ऐसे शब्दोंका आशय पाठ पढ़ाते समय जादा स्पष्टीकरण करके, विवेचन करके सुलभतासे समझाया जा सकता है ऐसा मेरा विश्वास हैं। भावानुवाद के इस काम में मुझे गोरखपुर के गीता प्रेस द्वारा

* कृष्ण नवनीत *

प्रकाशित ''श्रीमद् भगवद्गीता- पदच्छेद, अन्वय साधारण भाषाटीकासहित'' यह पुस्तक सहायक हुई इसे उल्लिखित करना भी मेरा कर्तव्य हैं।

इसी तरह मूल अंग्रेजी पुस्तक के रेखाचित्रों में उपयोगीत अंग्रेजी विवरण के जगह हिंदी विवरण समाविष्ट करने के कष्टप्रद कार्य को आनंद से करने वाला मेरा भतीजा श्री. शिरीष चांदोरकर भी आभार का पात्र हैं।

अंत में, इस पुस्तक के रंग रूप की सज्जा के लिए वेदिका ग्राफिक्स के श्रीमान श्रीमती जोगलेकर ने जो कष्ट लिए उसके लिए मैं उन दोनों का भी आभारी हूँ।

यह प्रथम हिंदी प्रयास श्री गुरु चरणोंमे समर्पित हैं।

शुभम् भवतु.

अरविन्द मार्तंड चांदोरकर
नागपुर.
दूरध्वनी :- ८२७५७५५१७२.

विशेष ऋण निर्देश

कृष्ण नवनीत के प्रथम आवृत्ती में कुछ व्याकरण की और कुछ अन्य त्रुटीयाँ रह गयी थी। इस द्वितीय आवृत्ती के संस्करण के पहले उनके निराकरण में अहमदाबाद स्थित महान विदुषी व अधिकारी व्यक्ती श्रीमती वैदेही अध्यारू, जिन्होंने इसी पुस्तक का गुजराथी में अनुवाद किया है, इनका बहुमूल्य योगदान हमें प्राप्त हुवा है जिस के लिये हम उनके अत्यंत आभारी हैं।

मिर्दम् चॅरिटेबल ट्रस्ट, पुदुचेरी

अनुक्रमणिका

मनोगत

विगत कई दिनों से मन में यह तीव्र आंस बनी हुई थी कि श्रीमद् भगवद्गीता में जो अपार शाश्वत ज्ञान भंडार परमात्मा ने अखिल मानव जाति के कल्याण के लिए उद्धृत किया है उसमे से छात्रों के चरित्र संवर्धन हेतु उपयोगी ज्ञान सुगम, सरल तथा आंशिक रूप से कैसे छात्रों तक पहुँचाया जाए? कभी कभी मन में एक आशंका यह भी उठती थी कि, जिस आयु के छात्रों तक यह ज्ञान पहुँचाने का प्रयास करना है कहीं उस आयु के छात्रों की समझ के लिए यह विषय ज्यादा गहन तो नही होगा? इस आशंका के निरसन हेतु फिर मैंने मेरे गुरु श्री मधुसूदन दामलेजी से प्रार्थना की, कि कृपया मुझे इस विषय में मार्गदर्शन करे। उनका मार्गदर्शन प्राप्त होने के पश्चात्, तदनुसार परिवर्तन व परिवर्धन करते हुए मैंने प्रायोगिक रूप से, मेरे कार्यालयीन भोजन अवकाश में पुदुचेरी स्थित ''विद्या निकेतन'' पाठशाला के नौवीं कक्षा के छात्रों को, अंग्रेजी भाषा में इस ज्ञान से अवगत कराना शुरू किया। छात्रों का उत्साह, रुचि और प्रतिक्रियाएं देखकर मैं बहुत संतुष्ट थी। दो कक्षाओं को पढाने के बाद स्वयं छात्रों द्वारा जब यह सुझाव आया कि मैं इस विषय पर पुस्तक लिखूँ तो मैं हर्षविभोर हो उठी। इस रीति से "Krishna's Butter For The Champion Students" नामक पुस्तक को मूर्त स्वरूप प्राप्त होना शुरू हुआ और आज उस पुस्तक का मेरे गुरुबंधु श्री. अरविन्द चांदोरकर द्वारा किया गया यह भावानुवाद आप सब सज्जनों के समक्ष प्रस्तुत करते हुए अपने आपको भाग्यवान मानती हूँ।

वर्तमान समय में श्रीमद् भगवद्गीता की उपयुक्तता तथा सर्वव्यापकता के संदर्भ में मेरे गुरु श्री दामलेजी का कथन कितना यथार्थ हैं? वे कहते हैं –

''श्रीमद् भगवद्गीता में समाविष्ट सभी तत्त्व, सीख तथा ज्ञान सर्वथा परिपूर्ण हैं

और सभी व्यक्तियों, समुदायों तथा विभिन्न घटकों द्वारा अंगीकृत करने योग्य हैं। इनके अनुसरण से योगी उत्तम योगी बनता है, योद्धा उत्तम योद्धा बनता है, व्यापारी / व्यवसायी उत्तम व्यापारी / व्यवसायी बनता है, राजकारणी उत्तम राजकारणी बनता है, शिक्षक / आचार्य उत्तम शिक्षक/आचार्य बनता है और छात्र उत्तम छात्र बनता है।''

श्री. दामलेजी के छत्रछाया में पले बढे ''श्री. सुश्रुत बढेजी'' की गीता पर काव्यात्मक पुस्तक "The Rhythm of Krishna", मेरी अंग्रेजी पुस्तक "Krishna's Butter For The Champion Students", मेरे गुरुबंधु श्री. अरविन्द चांदोरकर द्वारा प्रथम चरण में किया गया मराठी भावानुवाद और अब यह हिंदी भावानुवाद, यह सब केवल एक संयोग न होकर परमात्मा का कृपाप्रसाद है ऐसा मेरा विश्वास है।

श्रीमद् भगवद्गीता एक ऐसी कालातीत निर्मिति है जो हमें जीवन सर्वोत्तम रीति से कैसे जीया जाता है? इसकी कला और सिद्धांत सिखाती है। अगर हम यह जान लें कि जीवन के प्रति हमारे द्वारा अपनाया गया दृष्टिकोण सुयोग्य है या नहीं तो हमारा समग्र जीवन पूर्णरूपेण परमात्मा की ओर अभिमुख हो सकता है अर्थात् श्रीमद् भगवद्गीता इस रूपांतरण हेतु निःसंशय सहायकारी है। जहाँ एक ओर भगवान् श्रीकृष्णजी का व्यक्तित्व हमें यह सिखाता है कि आदर्श गुरु अथवा शिक्षक कैसा होता है या होना चाहिए तो दूसरी ओर अर्जुन का व्यक्तित्व यह सिखाता है कि आदर्श शिष्य अथवा छात्र हमेशा निष्ठावान, प्रामाणिक, ज्ञानार्जन हेतु सदैव तत्पर तथा जीवन विषयक प्रश्नों के प्रति उत्सुक व जिज्ञासु रहता हैं। भगवान् श्रीकृष्ण अपने प्रिय शिष्य अर्जुन से कहते हैं कि जीवन उत्तम रीतियों से व्यतीत करना है तो सदैव सर्वोत्तम और परिपूर्ण छात्र बने रहो। अगर हम सब भी यही दृष्टिकोण अपनाएं और भगवान् श्रीकृष्णजी के बताए गए मार्ग पर चलें तो हमारा भी जीवन सर्वोत्कृष्टता को प्राप्त हो जाएगा। आज की पाठशालाओं से ही भावी

※ कृष्ण नवनीत ※

भारत उभरकर आने वाला हैं और इस राष्ट्र निर्माण में आज के छात्रों का ही बहुत बड़ा योगदान रहने वाला है। इस दिशा में छात्रोंके चरित्र संवर्धन हेतु सहायक विशिष्ट श्लोकों का चयन उनकी उपयुक्तता को ध्यान में रखकर किया गया है। जिसका मुख्य उद्देश्य यह रहा है कि छात्रोंको व्यक्ति, अभिभावक, शिक्षक, परिवार, समाज तथा पूरे संसार के साथ जीवन व्यतीत करते समय, किसी भी प्रकार की क्लिष्टता का सामना किए बिना उचित व व्यवहार्य तत्त्वज्ञान हो सके और साथ ही उसका अनुसरण करना सहज साध्य हो।

व्यक्ति जिस प्रेरणा से कार्य करता है उसी पर उसके जीवन की उत्तमता निर्भर होती है। अपने भीतर स्थित मूल प्रेरणा से जुड़े रहस्य का अपनी बाह्य प्रेरणा में रूपांतरण कर तदनुसार जीवन व्यतीत करने का रहस्योद्घाटन है गीता का श्रीकृष्णार्जुन संवाद।

मैं सभी छात्रों का आहवान करती हूँ कि यह संदेश गीता का प्रसाद मानकर ग्रहण करें, इसे पूर्ण रूप से अपनाए क्योंकि इसमें आपको जीवन को पूर्णरूपेण बदलकर उसे सर्वोत्तम बनाने की क्षमता विद्यमान हैं। यहाँ यह बताना अप्रासंगिक न होगा कि मेरी मूल अंग्रेजी पुस्तक में, संस्कृत श्लोकों का अंग्रेजी रूपांतरण करते समय श्री सुश्रुत बढेजी ने उनकी गेयता (rhyme) पर विशेष ध्यान रखा हैं ताकि उन्हें आसानी से समझा जा सके।

मेरा यह प्रयास उन छात्रों को समर्पित है जिन्होंने अर्जुन के समान आदर्श छात्र बनने की आस लेकर भगवान् श्रीकृष्णजी द्वारा अर्जुन को किए उपदेश को अंगीकृत करने का ''प्रण'' किया है।

भावना अशोक बढे।
पुदुच्चेरी।

विषय प्रवेश
युद्ध का प्रारंभ

एक लक्ष श्लोकों से समृद्ध संस्कृत महाकाव्य ''महाभारत'' के रचयिता महर्षि वेदव्यासजी हैं। इस महाकाव्य में अठारह पर्व अर्थात् खंड है। इन्हीं में से भीष्मपर्व में स्थित है सात सी श्लोकों से सुसज्जित श्रीमद् भगवद्गीता। कुरुवंश के पांडव और कौरव कुलोत्पन्न सारे महान योद्धा हस्तिनापुर के समीप (सम्प्रति दिल्ली के निकट) कुरुक्षेत्र की युद्धभूमि पर एक-दूसरे के समक्ष युद्ध करने की तैयारी में है। राजधर्म का पालन करते हुए सम्राट धृतराष्ट्रजीने, अनेकों दुर्गुणों से युक्त अपने ज्येष्ठ पुत्र दुर्योधन की अपेक्षा सदुणी ज्येष्ठ पांडुपुत्र युधिष्ठिर को राज्य का उत्तराधिकारी नियुक्त किया था किन्तु छल-कपट करके दुर्योधन स्वयं को राज्यका उत्तराधिकारी घोषित कर देता है। इतना ही नहीं, वह पांडवों की हत्या के कई यत्न करता है किन्तु परमात्मा की कृपा से उन्हें कोई हानि नहीं पहुँचती।

कुरुकुल पर असीम और निरपेक्ष प्रेम करनेवाले, कुरुकुल के हितैषी भगवान श्रीकृष्णजी स्वयं, संभावित युद्ध के अनर्थ निवारण हेतु, दुर्योधन के समक्ष यह प्रस्ताव रखते हैं कि सम्पूर्ण साम्राज्य न सही वह पांडु पुत्रोंको केवल पांच छोटे गांव ही दे। अहंकार से ग्रस्त दुर्योधन इस प्रस्ताव को केवल नकारता ही नहीं अपितु यहाँ तक बोलता हैं कि ''पाँच गाँव तो क्या मैं पांडवों को सूई की नोंक जितनी भी भूमि नही दूँगा।'' परिणामस्वरूप युद्ध अनिवार्य हो जाता है। सभी राजा, महाराजा, अग्रणी योद्धा, समस्त गुरुजन आदि सभी इस युद्ध के अपरिहार्य हिस्सा बनकर दो पक्षों में विभाजित हो जाते हैं। स्वयं की प्रतिज्ञा द्वारा या वचनों द्वारा बद्ध, कौरव पांडवो को शस्त्रविद्या दान करनेवाले गुरु द्रोणाचार्य और कुरुकुल के ज्येष्ठ भीष्म पितामह अपनी-

अपनी इन प्रतिज्ञाओंकी तथा वचनोंकी प्रतिपूर्ति की अपरिहार्यता से कौरवों के पक्ष में सम्मिलित हो जाते हैं। जैसे ही भगवान श्रीकृष्ण यह स्पष्ट करते हैं कि युद्ध में वे शस्त्र धारण नहीं करेंगे तो दुर्योधन उनकी अपेक्षा उनकी सेना का चयन अपने पक्षके लिए करता है और अर्जुन हर्षित होकर भगवान् श्रीकृष्ण को प्रार्थना कर पांडवों के पक्ष में ले आते है। इस तरह से वे अर्जुनके सारथि बनकर युद्ध –भूमिपर उपस्थित होते है।

कुरुक्षेत्र की रणभूमि पर महान गीताविष्कार का प्रारंभ उस श्लोक से होता हैं जिसमें राजप्रासाद में बैठे महाराज धृतराष्ट्र, संजयसे, जिन्हें दिव्य दृष्टि का वरदान प्राप्त है, प्रश्न करते है :–

''धर्मक्षेत्रे कुरुक्षेत्रे समवेता युयुत्सवः ।
मामकाः पाण्डवाश्चैव किमकुर्वत संजय ।।''

''हे संजय, जनसामान्य जिसे धर्म भूमि भी मानते हैं उस कुरुक्षेत्र में, युद्ध सज्ज मेरे पुत्र तथा पांडु पुत्रों में क्या घटित हो रहा है?''

इस विषय प्रवेश के उपरांत अब हम श्रीमद् भगवद्गीता के सिद्धांत, वचन और तत्त्वों को जानने व समझने की कोशिश करेंगे । जो वर्तमान जीवन में भी आचरणीय, उपयुक्त तथा प्रासंगिक हैं। कुरुक्षेत्र स्थित पांडवों और कौरवों के समान हम सबको भी समय समय पर अपने अंतर्मन में चल रहे युद्ध का सामना करना पड़ता हैं। अंतर्मन का युद्ध यानी अच्छे और बुरे का संघर्ष। इस पुस्तक के माध्यम से आपको, आपके अंतर्मन के संघर्ष का उचित रूप से सामना करने तथा जीवन मार्ग पर सही दिशा अपनाने में निश्चित रूप से मार्गदर्शन व सहायता प्राप्त होगी ऐसा हमारा विश्वास है।

★★★★

पाठ १ अध्याय १

जीवन में कई बार कोई कार्य करते समय अथक प्रामाणिक और कड़े प्रयास करने के उपरांत भी हमें कई कड़ी व बड़ी कठिनाइयों का सामना करना पड़ता है। ऐसी परिस्थिति में अगर हमें कोई उपाय न सूझता हो और कोई मार्ग न दिखाई देता हो तो हमें अपने से बड़ों की, शिक्षकों की या मित्रों की मदद लेने में कोई संकोच नहीं होना चाहिये।

पाठ १
क्षोभग्रस्त और भ्रमित अर्जुन ।

युद्ध प्रारंभ होने के पूर्व, अर्जुन भगवान् श्रीकृष्ण से अपना रथ दोनों सेनाओं के मध्य में ले जाने की प्रार्थना इस उद्देश से करता है कि वहाँ उपस्थित शत्रुपक्ष के सभी योद्धाओं को ठीकसे देख, परख ले ताकि उन्हें जानने के पश्चात वह सुयोग्य युद्ध नीति अपना सके। भगवान् श्रीकृष्ण उसकी प्रार्थनानुसार जैसे ही रथ को मध्य में ले जाते है तो वह अपने सम्मुख अपने मित्र, सगे-सम्बन्धी, गुरुजन तथा अन्य आदरणीय ज्येष्ठ जनों को देखता है। उसे इस स्थिति का पूर्वानुमान होते हुए भी जब वह उस परिस्थिति का प्रत्यक्ष अनुभव करता है तब वह हताशा और निराशा से क्षुब्ध व चिंताग्रस्त हो जाता है। उसे ऐसा प्रतीत होता है कि मानो उसके हाथ से गांडीव धनुष छूट गया हैं। दुःखी व अंतःकरण की पीड़ा से हताश होकर वह एकाएक बैठ जाता हैं। वह भगवान् श्रीकृष्णजी के संमुख अपनी व्यथा रखकर यह स्पष्टरूप से कहता है कि वह अब युद्ध नहीं करेगा।

हम कभी- कभी ऐसा अनुभव करते हैं कि किसी महत्त्वपूर्ण प्रसंग, जैसे की परीक्षा, क्रीडास्पर्धा या सांस्कृतिक समारोह के पूर्व, ऐन समय पर जिस व्यक्ति को महत्त्वपूर्ण जिम्मेदारी सौंपी हुई होती हैं उसे एकाएक हताशा या घोर निराशा घेर लेती हैं। अर्जुनके समक्ष भी इसी तरह की परिस्थिति का सामना करने का प्रसंग उपस्थित होता हैं। किंतु सामान्यजनों की परिस्थिति और अर्जुनके समक्ष उपस्थित परिस्थिति में बहुत अंतर था। वह जिस परिस्थिति का सामना कर रहा था उससे अगणित जीवों के जन्म-मरण का प्रश्न संबंधित था। जीवन में कई बार, कोई कार्य करते समय अथक प्रामाणिक और कड़े प्रयास करने के उपरांत भी हमें अनेकों कड़ी कठिनाइयों

का सामना करना पड़ता है। भले ही हमें हताशा और घोर निराशा ने घेरा हो फिर भी ऐसी परिस्थिति में हम हार मानकर अपना प्रयास या विहित कार्य करना छोड़ दे यह अनुचित है। ऐसी परिस्थिति में अगर हमें कोई उपाय न सूझता हो और कोई मार्ग न दिखाई देता हो तो हमें अपने से बड़ों की, शिक्षकों की या मित्रों की मदद लेने में कोई संकोच नहीं होना चाहिये। अर्जुन दुविधा में यह नहीं समझ पा रहा था की करें तो क्या करें? वह अपनी इस दुविधा को अपने मित्र, बंधु, गुरु और मार्गदर्शक रूपी भगवान् श्रीकृष्ण जी के समक्ष रखता है और उनसे मार्गदर्शन की विनती करता है।

हृषीकेशं तदा वाक्यमिदमाह महीपते ।

सेनयोरुभयोर्मध्ये रथं स्थापय मेऽच्युत ॥ १-२१ ॥

हे राजन, तत्पश्चात् गांडीवधारी अर्जुनने हृषीकेश श्रीकृष्णजी से बिनती करते हुए कहा, ''हे अच्युत, आप रथ को दोनों सेनाओं के मध्य में लेकर चले।''

यावदेतान्निरीक्षेऽहं योद्धुकामानवस्थितान् ।

कैर्मया सह योद्धव्यमस्मिन् रणसमुद्यमे ॥ १-२२ ॥

''शत्रु पक्षके योद्धाओं का अवलोकन कर मैं यह ज्ञात कर लूँ कि कौन किस योग्यता का हैं और किन-किन के साथ मेरा युद्ध करना उचित है। इस हेतु पूर्णता तक रथ वही खड़ा रखें।''

गाण्डीवं स्रंसते हस्तात्त्वक्चैव परिदह्यते

न च शक्नोम्यवस्थातुं भ्रमतीव च मे मनः ॥ १ - ३० ॥

''हे भगवन्, मुझे ऐसा प्रतीत हो रहा हैं कि मेरे हाथ से मेरा गाण्डीव धनुष गिर रहा हैं, सम्पूर्ण शरीर में दाह की भावना हो रही है, मेरा मन भटक गया है तथा मैं ठीक से खड़ा होने में भी असमर्थ हो गया हूँ।''

एवमुक्त्वार्जुनः सङ्ख्ये रथोपस्थ उपाविशत् ।

विसृज्य सशरं चापं शोकसंविग्नमानसः ॥ १-४७ ॥

इतना कह कर शोकाकुल और क्षुभित अर्जुन अपना धनुष बाण त्याग कर रथ के पिछले भाग में जा बैठता है।

पाठ २ अध्याय २ (भाग १)

हर व्यक्ति को सदैव यह स्मरण होना चाहिए कि वह सत्य की आशा को लेकर सत्य के ही पक्ष में दृढ़ता से बना रहे । यही उसका प्रथम कर्तव्य है।

पाठ २ (भाग–१)
भगवान् श्रीकृष्ण द्वारा शाश्वत सत्य कथन ।

श्रीमद्भगवद्गीता के दूसरे अध्याय के प्रारंभ में, युद्ध भूमिपर अपने ही बंधु-बांधवों, नाते-रिश्तेदारों, गुरुजन तथा ऋषितुल्य रथियों-महारथियों को शत्रुपक्ष में उपस्थित देखकर अर्जुन की हतप्रभित अवस्था का वर्णन हैं।

हमें अर्जुन के दुःखी होने का, हतप्रभ होने का कारण ज्ञात कर लेना जरुरी हैं। अपनों के प्रति माया, मोह और प्रेम की भावनाओं ने उसकी बुद्धि पर मानो एक चादर डाल दी हैं। मनुष्य का भावनाशील होना यह समस्या नहीं हैं किंतु उस भावना के आवेग से बुद्धि ग्रस्त होकर अपने कर्तव्य को भूलना यही समस्या हैं। अर्जुन निराशा से ग्रस्त था और बुद्धि भ्रमित भी। कौनसा कर्म योग्य है इस विषय में कोई भी निर्णय करना उसे सूझ नहीं रहा था। तथापि इस परिस्थिति में केवल अपने सखा, बंधु तथा मार्गदर्शक भगवान् श्रीकृष्णजी ही उसे सुयोग्य मार्गदर्शन कर सकते हैं यह समझने की सूक्ष्मता उसमें थी और अंततः हुआ भी वही। अर्थात् भगवान् श्रीकृष्णजी ने उसकी यथोचित सहायता कर उसे इस परिस्थिति से मुक्त किया ।

शरणागत होकर, समर्पण की भावना में लीन होकर अर्जुन ने भगवान् श्रीकृष्णजी से कहा, ''हे प्रभु, मुझे मार्ग दिखाईए।'' अधिकतर व्यक्तिओं का ऐसा मानना है कि ज्ञानी, गुरुजन तथा अपने से बड़ों के प्रति नम्रता से शरण जाना किसी शक्तिशाली शत्रु के शरण जाने के समान हैं। किन्तु वस्तुतः इन दोनों स्थितियों में बहुत अंतर होता हैं। सुयोग्य, ज्ञानी और अनुभवी, ज्येष्ठ व्यक्ति की शरण में, छत्र-छायामें रहने में जो आनंद और सुख है उससे बढ़कर और कोई आनंद, सुख नहीं हैं। एक बहुत ही सामान्य तथा दैनिक जीवन के उदाहरण से यह सरलता से समझा जा सकता है। मान लो किसी

छात्र को ज्यामिती का कोई प्रमेय सिखाना हैं जिसे समझने में उसे कठिनाई हो रही हैं। अतः उसे सिखाना व समझाना शिक्षक का कर्तव्य है किन्तु यदि छात्र उनसे मिलकर, अहंकार की भावनासे तथा मन में प्रतिरोध रख कर सिखाने व समझानेकी माँग करे और तत्पश्चात् शिक्षक के सिखाने की पद्धति पर टीका-टिप्पणी करने लगे तो वह कभी भी कुछ भी नहीं सीख पायेगा। इसके विपरीत अगर वह शालीनता से, नम्रता से शिक्षक से विनती करे और तत् पश्चात् उनकी सिखाई गयी बात को एकाग्रता से, ध्यानपूर्वक अपनाए तो अवश्य ही उसे ज्ञान की प्राप्ति होगी व उसकी समस्या का निवारण होगा। विविध क्षेत्र के गणमान्य व्यक्ति, नेता आदि सर्वोत्तम छात्र रहे हैं। अतः सम्पूर्ण आयु सदैव छात्र बने रहने जैसी अन्य कोई उत्तम बात नहीं होती।

भगवान् श्रीकृष्णजी ने अर्जुन को धैर्य व सांत्वना प्रदान करते हुए कहा, ''सुझ और ज्ञानी व्यक्ति कभी शोक नहीं करतें क्यों कि वे जानते है कि आत्मा का न अंत है न उत्पत्ति। देह की यात्रा बाल्यावस्था, यौवनावस्था और वृद्धावस्था से होकर समाप्त हो जाती हैं। देह के अन्दर जो आत्मा स्थित है वह अविनाशी है, उसकी न मृत्यु होती है न जन्म। जैसे हम अपना वस्त्र पुराना होने पर उसे त्याग कर नया वस्त्र धारण करते है उसी समान यह आत्मा एक शरीर का त्याग कर दूसरे नए शरीर में स्थित हो जाती है।'' भगवान् श्रीकृष्णजी आगे कहते है, ''तुम बिल्कुल दुःखी न होना क्यों कि जो जन्मा है उसकी मृत्यु निश्चित है। जन्म, मृत्यु और फिर जन्म यह सृष्टि चक्र है।'' श्रीमद् भगवद्गीता का यह संदेश सबसे महत्त्वपूर्ण है और जो कोई इसे भलीभांति समझ लेता है उसे कभी मृत्यु का भय नहीं होता क्यों कि उसे यह ज्ञात हो जाता है देह की मृत्यु आत्मा की अखंड यात्रा का एक पड़ाव मात्र है। भगवान् श्रीकृष्णजी के इस रहस्योद्घाटन को श्रीमद् भगवद्गीता में ''सांख्ययोग'' सम्बोधा गया है।

भगवान् श्रीकृष्णजी ने अर्जुन से कहा हैं कि किसी भी परिस्थिति का सामना

क्यों न करना पड़े, हर व्यक्ति को अपना विहित कर्तव्य निभाना व पूरा करना ही चाहिए। हर व्यक्ति को यह सदैव स्मरण होना चाहिए कि वह सदैव सत्य की आंस लेकर सत्य के ही पक्ष में दृढ़ता से बने रहे। यही उसका मूल कर्तव्य है।

कार्पण्यदोषोपहतस्वभावः पृच्छामि त्वां धर्मसम्मूढचेताः
यच्छ्रेयः स्यान्निश्चितं ब्रूहि तन्मे शिष्यस्तेऽहं शाधि मां त्वां प्रपन्नम् ॥ २–७ ॥

अर्जुन कहता है, भय तथा शंकाओं से घिरा हुआ, संभ्रमित अवस्था के कारण योग्य अयोग्य का निर्णय करने में असमर्थ आपका यह शिष्य आपकी शरण में आया हैं। कृपया मेरा मार्गदर्शन करें

श्रीभगवानुवाच
देहिनोऽस्मिन्यथा देहे कौमारं यौवनं जरा ।
तथा देहान्तरप्राप्तिर्धीरस्तत्र न मुह्यति ॥ २–१३ ॥

भगवान् श्रीकृष्णजी कहते हैं, 'बाल्यावस्था, यौवनावस्था, वृद्धावस्था और मृत्यु ये मनुष्य देहकी अवस्थाएँ हैं न की उस देहके अन्दर बसनेवाले आत्माकी। इस देह को त्यागनेके पश्चात् वह दूसरा देह धारण करता हैं। अतः उस विषय में धीर पुरुष मोहित नहीं होता।''

नासतो विद्यते भावो नाभावो विद्यते सतः ।
उभयोरपि दृष्टोऽन्तस्त्वनयोस्तत्त्वदर्शिभिः ॥ २–१६ ॥

असत् की सत्ता नहीं और सत् का अभाव नहीं इस तत्त्व को ज्ञानी व्यक्ति भलीभांति जानते है।

वासांसि जीर्णानि यथा विहाय नवानि गृह्णाति नरोऽपराणि ।

तथा शरीराणि विहाय जीर्णान्यन्यानि संयाति नवानि देही ।। २-२२।।

जिस तरह मानव जीर्ण वस्त्रों का त्याग कर नए वस्त्र धारण करता हैं उसी समान आत्मा जीर्ण देह त्याग कर नूतन देह धारण करती हैं।

स्वधर्ममपि चावेक्ष्य न विकम्पितुमर्हसि

धर्म्याद्धि युद्धाच्छ्रेयोऽन्यत्क्षत्रियस्य न विद्यते ।। २-३१।।

तुम्हारे क्षत्रिय धर्म को ध्यान में रखते हुए, सत्य के रक्षण हेतू होने वाले इस धर्मयुद्ध से विमुख होना उचित नहीं होगा क्यों कि तुम्हारा इसके अतिरिक्त और इससे ज्यादा कल्याणकारी अन्य कोई भी कर्तव्य हो ही नहीं सकता।

★ ★ ★ ★

पाठ २ अध्याय २ (भाग २)

पूर्णरूप से अनासक्त रहकर और सर्वोत्तम रीति से कर्तव्यपूर्ति के प्रति पूर्णरूपेण समर्पित होना यही कर्मयोग है, यही श्रीमद् भगवद्गीता में पाए जाने वाले कर्मयोग की नींव है।

पाठ २ (भाग २)
कर्मयोग की नींव ।

इस अध्याय में भगवान् श्रीकृष्णजी अपने लाडले शिष्य अर्जुन को कर्मयोग का रहस्य समझाते हुए यह कहते हैं कि ''प्रत्येक व्यक्ति को अपने सारे विहित कर्तव्य सुयोग्य रीति से करना ही कर्मयोग है। जब कोई व्यक्ति छोटे-छोटे व सामान्य कर्तव्य भी बिना चूके, सुयोग्य रीति से करता है तो उनसे अत्यंत आश्चर्यजनक परिणाम मिलते हैं।''

कभी कभी हमें यह अनुभव होता है कि कुछ बच्चे कोई उपहार अथवा वस्तु प्राप्त करने की लालसा में कोई काम या पढाई इत्यादि करने के लिए राजी हो जाते हैं। इस तरह किसी उपहार अथवा वस्तु की प्राप्ति की इच्छा लेकर काम या पढाई करते समय वह काम हृदयसे, सर्वोत्तम तथा सुयोग्य रीति से नहीं हो पाता क्योंकि उस समय उस बच्चे का पूरा ध्यान उस काम के पूरा होने के पश्चात् मिलने वाले उपहार या वस्तु पर केंद्रित होता है। उपहार तथा वस्तु प्राप्त करने की लालसा के परिणामस्वरूप वह उस काम को अथवा पढाई को जैसे तैसे जल्दी-जल्दी पूरा करता हैं और जैसे ही उसे वह उपहार अथवा वस्तु मिल जाती हैं उसकी रुचि समाप्त हो जाती है। वह न केवल उस काम की प्रतिपूर्तता से मिलने वाले आनंद से बल्कि वह काम करते समय प्राप्त होनेवाले ज्ञान से भी वंचित हो जाता है। और यदि इस तरह लालच से काम करने की आदत पड़ जाती है तो यह उसके उज्ज्वल चरित्र निर्माण में भी बाधा डाल सकती है। किसी वस्तु या उपहार में रुचि होना गलत नहीं हैं। किंतु इस रुचि का, लोभ या लालच में परिवर्तित होना निश्चित ही हानिकारक होता है। लोभ और लालच ही आज कल की अधिकतम समस्याओं का कारण है।

इसलिए हमें कोई भी कर्म उसके बदले में कुछ प्राप्त करने की इच्छा, लोभ या लालसा से नहीं करना चाहिए। फल प्राप्ति की भावना हमें अपनी कर्तव्यपूर्ति की मूल भावनाओं से दूर ले जाती है। इस तरह यदि हम, बिना फल की आशा के कोई कार्य करें तो निःसंशय वह हम अत्यंत कुशलता से सर्वोत्तम रीति से कर पाते है। कार्यारंभ के पूर्व ही अगर हमारा मन व विचार उसकी फलप्राप्ति से जुड़ जाये तो उस कार्य की प्रतिपूर्ति भी दोषरहित नहीं हो पाती है, उसमें कुछ न कुछ कमी जरूर रह जाती है। इसके विपरीत अगर हमारा मन व विचार हमारे द्वारा किए जाने वाले कार्य के फलप्राप्ति से न जुड़े और हम अपने विचार तथा चित्त को शांत, सुस्थिर और आनंदित रख कर कर्म करे तो निःसंशय ही कर्म सर्वोत्तम हो जाता है।

कर्मफल के संबंध में अनासक्त होने का अर्थ यही है कि अपना कर्म पूर्ण उत्साह, मन व लगन से, दोषरहित होकर करना न कि कर्म के पश्चात् उससे क्या फलप्राप्ति होगी या नही होगी? इस वृत्ति से करना। अर्थात् अनासक्त कर्म का तात्पर्य कर्म की सर्वोत्तम प्रतिपूर्तता है न कि फलनिष्पत्ति। पूर्णरूप से अनासक्त रहकर सर्वोत्तम रीति से कर्तव्यपूर्ति के प्रति समर्पित होना ही कर्मयोग है। यही श्रीमद् भगवद्गीता में पाए जाने वाले कर्मयोग की नींव है।

अगर आप किसी उत्तम खिलाड़ी, प्रसिद्ध संघ अथवा समूह के कप्तान, किसी यशस्वी सैन्याधिकारी या किसी संस्था के यशस्वी प्रमुख की कार्यपद्धति का ध्यान से अवलोकन करेंगे तो आपको यह प्रतीत होगा कि सभी कर्मफल के प्रति अनासक्त होकर सही मात्रा में कर्मयोग का अनुसरण कर रहे होते हैं। विपरीत स्थिति में, संकट या परीक्षा की घड़ी में शांत चित्त रहना, उस स्थितिसे मार्ग निकालने में बहुत ही सहायक और महत्त्वपूर्ण होता है। ऐसी स्थिति में मन या चित्त क्षुभित हो जाये तो, न तो आप अपनी समस्या पर विजय पा सकते हैं और न ही एक यशस्वी व्यक्तित्व के रूप में औरों को उनकी समस्याओं के निवारण में सहायता कर सकते हैं।

जब कभी आप किसी ऐसे व्यक्ति के संपर्क में आते हैं जो सदैव शांतचित्त रहता हो, जो न तो यशप्राप्ति से हर्षित हो उठता हो और न ही अपयश से हताश-निराश होता हो तो समझिए आप ऐसें व्यक्ति के साथ हो जिसने पूर्ण रूप से ''समत्व'' अपना लिया हैं। श्रीमद् भगवद्गीता में यह कहा गया है कि ऐसा व्यक्ति ''मुनि'' या ''ऋषि'' कहने योग्य है।

नेहाभिक्रमनाशोऽस्ति प्रत्यवायो न विद्यते ।

स्वल्पमप्यस्य धर्मस्य त्रायते महतो भयात् ॥ २-४० ॥

कर्मयोग के सूत्रों के अनुसार किए गए कर्मों का कोई भी विपरीत फल या परिणाम प्राप्त नहीं होता । इतना ही नहीं बल्कि इस योग के अनुसार किया गया छोटे से छोटा भी कर्म, उसके कर्ता को बड़े से बड़ी आपत्ति से अभय देने की क्षमता रखता है।

कर्मण्येवाधिकारस्ते मा फलेषु कदाचन

मा कर्मफलहेतुर्भूर्मा ते सङ्गोऽस्त्वकर्मणि ॥ २-४७ ॥

आप कर्म के अधिकारी हो किंतु उसके फल के नहीं। अनासक्त होकर कर्म करने से व्यक्ति मार्गभ्रष्ट होने से बचता है। कर्म न करने की वृत्ति आप धारण न करें।

बुद्धियुक्तो जहातीह उभे सुकृतदुष्कृते ।

तस्माद्योगाय युज्यस्व योगः कर्मसु कौशलम् ॥२-५०॥

कर्मयोग का ज्ञान आपको इसी जन्म में योग्य-अयोग्य, पाप-पुण्य से मुक्त कर देता है। अनासक्त होकर सर्वोत्तम रीति से कर्म करना यही कर्मयोग है यह जान कर कर्तव्यपूर्ति द्वारा इस योग का प्रारंभ करे।

दुःखेष्वनुद्विग्नमनाः सुखेषु विगतस्पृहः

वीतरागभयक्रोधः स्थितधीर्मुनिरुच्यते ॥ २-५६ ॥

दुखदायक प्रसंग से जिसे क्लेश न होते हो और हर्षदायक समय में भी जो अतिप्रसन्न न हो, जिसने क्रोध और भय त्याग दिया हो वह ऋषि, मुनि कहलाने योग्य हैं।

★★★★

पाठ ३ अध्याय ३

अगर हम अपने अंतरात्मा की आवाज़ सुनने लगें और अपने भीतर के ईशतत्त्व से प्राप्त संकेतों का अनुसरण करने लगें तो निश्चय ही हमारा मार्गक्रमण ''आनंद'' की दिशा में शीघ्रातिशीघ्र होगा क्योंकि ऐसी परिस्थिति में साक्षात् ईश्वर हमारे सारथि होते हैं।

पाठ ३
अंतरात्मा की आवाज़ ।

अर्जुन भ्रमित और अस्थिर मानसिक अवस्था का अनुभव कर रहा था। एक ओर भगवान् श्रीकृष्णजी उसे शांत और निरपेक्ष रहनेका मार्गदर्शन कर रहे थे और उसी समय उसे युद्ध कर्तव्य निभाने के लिए भी बोल रहे थे । एक ही समय में इन दो परिस्थितियों को निभाना उसे असंभव प्रतीत हो रहा था। इसलिए उसने भगवान् श्रीकृष्णजी से प्रश्न किया, ''हे प्रभु, आप के अनुसार योगज्ञान और अध्यात्म ज्ञान यह भौतिक कर्म से श्रेष्ठ है तो फिर आप मुझे यह युद्ध, जो एक भौतिक कर्म है, करने को क्यों कह रहे हैं?''

मुस्कराते हुए भगवान् श्रीकृष्णजी उसे कहते है, ''व्यक्ति के जीवन में एक क्षण भी ऐसा नहीं होता जिस क्षण वह कोई कर्म न कर रहा हो। हर पल, हर क्षण कोई न कोई कार्य, कर्म होता ही रहता है। बाह्य रूप में भले ही मनुष्य कोई कार्य या कर्म करते न दिखता हो किंतु आन्तरिक कार्य या क्रियाएँ, तो अखंडित रूप में होती रहती हैं जैसे की सोच–विचार, पाचन क्रिया, अवलोकन क्रिया, श्वसन क्रिया इत्यादि । यह प्रकृति का स्थायी गुण है जो कभी भी बदलता नहीं है। सभी प्रकार के कर्मों को पूर्णतया त्यागना किसी के लिए भी संभव नहीं है। इसीलिए कर्म हरपल अकर्मसे श्रेष्ठ ही होता है। कर्म द्वारा ही हमे जीवन में विविध अनुभव और कार्यशक्ति प्राप्त होती हैं। कर्म किए बिना कार्यसिद्धि भी असंभव हैं।''

अनासक्त होने से हम अपना प्रत्येक कर्म मुक्त भावना से करने में सफल होते हैं और इस तरह से किया गया हर कर्म ''परम कर्म'' हो जाता हैं। हम कर्म तो करते है किंतु उसकी फलनिष्पत्ति से मुक्त हो जाते है।

''ईशतत्त्व'' हमारी बुद्धि और ज्ञानेंद्रियों की आकलन शक्ति से परे है। यह ईशतत्त्व प्रत्येक व्यक्ति के भीतर स्थित है। लोग इसे विभिन्न नामों से जानते हैं। भगवान् श्रीकृष्णजी अर्जुन को समझाते हुए कहते है की हमें अपने भीतर के इस ईशतत्त्व के साथ जुड़कर, हर पल उसका स्मरण करते हुए अपने सभी कर्म उसे अर्पित करते हुए अपना कर्तव्य करते रहना चाहिए।

अगर हम अपने अंतरात्मा की आवाज़ सुनने लगें, अपने भीतर के ईशतत्त्व से प्राप्त संकेतों का अनुसरण करने लगें तो निश्चय ही हमारा ''आनंद'' की दिशा में मार्गक्रमण शीघ्रातिशीघ्र होगा क्योंकि ऐसी परिस्थिति में साक्षात् ईश्वर हमारे सारथि होते है।

अर्जुन उवाच ।

ज्यायसी चेत्कर्मणस्ते मता बुद्धिर्जनार्दन ।

तत्किं कर्मणि घोरे मां नियोजयसि केशव ॥ ३–१॥

अर्जुन ने श्रीकृष्णजी से पूछा, ''हे भगवन, अभी अभी आपने कहा कि ज्ञान कर्म से श्रेष्ठ हैं तो फिर आप मुझे यह महाभयंकर युद्ध करने को क्यों कह रहे हो ?''

न हि कश्चित्क्षणमपि जातु तिष्ठत्यकर्मकृत् ।

कार्यते ह्यवशः कर्म सर्वः प्रकृतिजैर्गुणैः ॥३–५॥

भगवान् श्रीकृष्णजी कहते हैं, ''कोई भी व्यक्ति बिना कोई कर्म किए एक क्षण भी रह नहीं पाता क्योंकि प्रकृति के गुणधर्म के अनुसार वह कर्म करने को बाध्य है।''

नियतं कुरु कर्म त्वं कर्म ज्यायो ह्यकर्मणः ।

शरीरयात्रापि च ते न प्रसिद्ध्येदकर्मणः ॥ ३–८॥

शास्त्रो में कहे गए कर्म तुम निष्काम भावना से करते रहो क्योंकि कर्म ही

अकर्म से नित्य श्रेष्ठ होता हैं। कर्म के बिना तुम्हारे देह के व्यवहार भी नहीं चल सकेंगे । कर्म के बिना कुछ भी साध्य संभव नहीं है।

मयि सर्वाणि कर्माणि संन्यस्याध्यात्मचेतसा ।

निराशीर्निर्ममो भूत्वा युध्यस्व विगतज्वरः ॥ ३–३० ॥

तुम्हारे भीतर जो ईशतत्त्व का (मेरा) अंश स्थित है उसका ध्यान कर, तुम अपने सभी कर्म मुझे अर्पण कर, ममता और निराशा को त्याग युद्ध के लिए तैयार हो जाओ।

इन्द्रियाणि पराण्याहुरिन्द्रियेभ्यः परं मनः ।

मनसस्तु परा बुद्धिर्यो बुद्धेः परतस्तु सः ॥ ३–४२॥

इंद्रियों से श्रेष्ठ है मन, मन से श्रेष्ठ है जागृत बुद्धि और जागृत बुद्धि से श्रेष्ठ है चिरंजीवी, ईशतत्त्वरूप परमात्मा ।

★ ★ ★ ★

पाठ ४ अध्याय ४

जब कभी मनुष्य के अन्दर के दैवी गुण प्रकट होते हैं तब वह सही रूप में ईश्वर का प्रतिनिधि कहलाने के योग्य होता है।

पाठ ४
अपने भीतर स्थित विजेता ।

भगवान् श्रीकृष्णाजी ने अर्जुन को आश्वस्त किया कि जब-जब इस धरती पर मानव को घनघोर अन्धेरे का, दुःख का और यातनाओं का सामना करना पड़ेगा तब तब अवतार रूप में या ईश्वर के दूत के रूप में वे मानवके संरक्षण, रूपांतरण और उत्थान हेतु धरती पर आगमन करेंगे। हजारों वर्ष पूर्व की गयी यह सत्यवाणी आज भी यथार्थ है। किंतु वर्तमान समय में अवतार संबंधी हमारी संकल्पनाएँ व धारणायें क्या है ? यह एक ज्वलंत प्रश्न है। आज मनुष्य को इतनी अनगिनत समस्याओंने घेरा है कि इन सभी का निवारण करने, अनेकों ईश्वर दूतों की आवश्यकता होगी।

हम यह देखते हैं कि जब भी कोई बड़ी विपदा या बडे संकट की घडी आती है तो लोग एक-दूसरे की सहायता के लिए दौड़े-दौड़े आते है और वह भी निःस्वार्थता से । एक दूसरे की मदद करने की उनकी यही होड़ याने उनके अन्दर के दैवी गुणों का प्रकटीकरण होता है। सन २०१६ में चेन्नई में आई अब तक की भयंकर बाढ़ के दौरान हमने यह अनुभव कि प्रत्येक छोटे बड़े व्यक्ति, धर्म, जाति, क्षेत्र, सामाजिक स्थान, ऊँच नींच इत्यादि का विचार किए बिना, पीड़ितों कि हर संभव सहायता में कई दिनों तक अनेकों प्रकार के कष्ट उठा रहे थे। अनेको ने बेसहारा व्यक्तियों के लिए तो अपने घर के द्वार तक खोल दिए थे। इसे ही तो दैवी गुण कहते है और इसकी प्रशंसा, सराहना होनी चाहिए। जब कभी भी इस तरह मनुष्य के अन्दर के दैवी गुण प्रकट होते हैं तब वह सही मायने में ईश्वर का प्रतिनिधि कहलाने के योग्य होता है।

पिछले अध्याय में हमने यह देखा था कि हर व्यक्ति में ईश्वरीय अंश स्थित है

और अनासक्ति से कार्य कर हम उससे जुड़ सकते है। इस अध्याय में भगवान् श्रीकृष्णजी ने कहा है कि अपने दोष त्याग कर, सद्गुणों को अपनाकर, स्वयं का रूपांतरण करके हम यह प्राप्त कर सकते है। अगर हम भय, क्रोध, लालसा तथा फल की अपेक्षा से परे रहकर कर्म करें और किए गए सारे कर्म ईश्वर को समर्पित करें; हर स्थिति-परिस्थिति में शांत, संयत और खुश रहे तो वही ''दिव्य जीवन'' कहा जाएगा।

यदा यदा हि धर्मस्य ग्लानिर्भवति भारत ।

अभ्युत्थानमधर्मस्य तदात्मानं सृजाम्यहम् ।। ४-७।।

जब-जब मानव लोक का जीवन अज्ञान रूपी अन्धकार से, दुख से, अन्याय से पीड़ादायक हो जाता है, धर्म की हानि एवम् अधर्म बढ़ जाता हैं तब-तब इन सभी से उन्हें अभय और मुक्ति दिलाने के लिए मैं देह-धारण कर इस भूमि पर अवतार लेता हूँ।

वीतरागभयक्रोधा मन्मया मामुपाश्रिताः ।

बहवो ज्ञान तपसा पूता मद्भावमागताः ।। ४-१० ।।

जिन्होंने आसक्ति, भय तथा क्रोध को पूर्ण रूप से त्याग दिया है, जो ''मुझे'' प्राप्त करने की आस में ज्ञानरूपी तप कर रहे हैं, उन्होंने वस्तुतः ''मुझे'' प्राप्त कर लिया है और वे सही मायने में दिव्य जीवन व्यतीत कर रहे हैं।

यस्य सर्वे समारम्भाः कामसङ्कल्पवर्जिताः ।

ज्ञानाग्निदग्धकर्माणं तमाहुः पण्डितं बुधाः ।। ४-१९ ।।

जो व्यक्ति शास्त्र सम्मत कर्म, संकल्प या कामना किए बिना करता है और उसके ये कर्म ज्ञानाग्नि में तपकर निखरते हैं, वही सच्चा ज्ञानी ऋषि या मुनि कहलाने योग्य होता है।

यदृच्छालाभसन्तुष्टो द्वन्द्वातीतो विमत्सरः
समः सिद्धावसिद्धौ च कृत्वापि न निबध्यते ॥४-२२॥

जो मिला उसी में जो संतुष्ट है, जिसने मत्सर और ईर्ष्या का त्याग कर दिया है, यश अपयश दोनो ही स्थिति में जो संयत और समत्व रखता है और जो सुख-दुःख के परे है, वह अपने कर्मबंधन से छुटकारा पाता है क्योंकि वह इन बंधनों की परिस्थिति के परे पहुँचा होता है।

यदृच्छालाभसन्तुष्टो द्वन्द्वातीतो विमत्सरः
समः सिद्धावसिद्धौ च कृत्वापि न निबध्यते ॥४-२२॥

जो मिला उसी में जो संतुष्ट है, जिसने मत्सर और ईर्ष्या का त्याग कर दिया है, यश अपयश दोनो ही स्थिति में जो संयत और समत्व रखता है और जो सुख-दुःख के परे है, वह अपने कर्मबंधन से छुटकारा पाता है क्योंकि वह इन बंधनों की परिस्थिति के परे पहुँचा होता है।

पाठ ५ अध्याय ५

अगर हमें सही अर्थ में मुक्त और आनंदपूर्ण जीवन व्यतीत करना है तो हमें लालसा और क्रोध पर नियंत्रण पाना ही होगा।

पाठ ५
लालसा और क्रोध पर नियंत्रण ।

अर्जुन भगवान् श्रीकृष्णजी से फिर एक बार प्रश्न करता है कि व्यक्ति को सर्व परित्याग और धर्म सुसंगत दिव्यकर्म इनमें से क्या करना चाहिए? भगवान् श्रीकृष्णजी उसे समझाते है कि यद्यपि इनमे से कोई भी मार्ग अपनाकर व्यक्ति पूर्णतः मुक्त हो सकता है परन्तु धर्म सुसंगत दिव्यकर्म का मार्ग अपनाना ज्यादा श्रेयस्कर और उत्तम है।

कर्म करने से ही व्यक्ति को श्रेष्ठ ज्ञान प्राप्त हो सकता है और इस ज्ञान प्राप्ति के बाद उसे यह प्रतीत होने लगता है कि सब कुछ एक ही तत्त्व के विविध स्वरूप हैं। ऐसे ज्ञानी को विद्वान, गज, गाय, श्वान, बिल्ली, मांसाहारी पशु आदि सभी में एक ही तत्त्व प्रतीत होता है। क्योंकि ऐसा ज्ञानी और षड्रिपु से पूर्णतः मुक्त व्यक्ति भली-भाँति जानता है कि सभी प्राणिमात्र, भूतमात्र में एक ही दिव्य तत्त्व का अंश स्थित है। इसलिए सब कुछ एक समान है।

आगे भगवान् श्रीकृष्णजी एक ऐसे सीधे साधे मार्ग के बारे में बताते हैं जिसे अपनाकर तथा सांसारिक बंधनों से मुक्त होकर जीवन व्यतीत करने का आनंद हर कोई सदैव प्राप्त कर सकता है। वे कहते है कि लालच और क्रोध किसी आवेग के वशीभूत क्षणमात्र में उछलकर आते हैं। व्यक्ति अगर इन दोनों के आवेग को नियंत्रित कर हर प्रकार की परिस्थिति में संयत और शांत रह सकता है तो उसे सर्वोच्च ज्ञान प्राप्त हो सकता है और वह जीवनभर सदैव अवर्णनीय आनंद का अनुभव कर सकता है।

इस बात को एक साधारण उदाहरण से समझाया जा सकता है। कभी कभी हम किसी महत्त्वपूर्ण परीक्षा की तैयारी में कई दिनों से लगे रहते हैं और

किसी दिन अचानक मन में ऐसी तीव्र इच्छा उभरती है कि यह सब छोड़-छाड़ कर मौजमस्ती करें। या फिर उन्हीं दिनों में हमारी अपेक्षा के विपरीत कुछ घटता है, या अति प्रिय व्यक्ति हमारा कहना नहीं मानता है तो हम तत्काल कोधित हो उठते हैं। इन दोनों ही परिस्थितियों में अगर हम लालसा और क्रोध पर नियंत्रण नहीं कर सके तो परीक्षा में मिलने वाला यश बाधित हो जाएगा अथवा हमारे और प्रिय व्यक्ति के संबंधो पर विपरीत असर होगा।

अगर हमें सही रूप से मुक्त और आनंदपूर्ण जीवन व्यतीत करना है तो हमें लालसा और क्रोध पर नियंत्रण पाना ही होगा और इस हेतु हमें प्रत्येक कर्म समर्पण की भावना से करना होगा। जैसे माँ जब भी कोई खाने का पदार्थ अपने बेटे या बेटी के लिये बनाती है तो उस समय उसके मन में केवल यही विचार या भावना होती है कि वह पदार्थ सर्वोत्तम बने, बेटे या बेटी को पसंद आ जाये। अर्थात् वह बेटे या बेटी के प्रति समर्पण की भावनासे भोजन बनाती है। यहाँ कर्म की अपेक्षा या तुलना में समर्पण की भावना ज्यादा महत्त्वपूर्ण होती है और इसी भावना से यह अनोखा आनंद प्राप्त होता है।

इसी तरह अगर हम, हर कार्य हमारे भीतर बसे ''मित्र'' को समर्पित करना है, इस भावनासे करते हैं तो अनायास ही हम उस कार्य को सर्वोत्तम रूप से करेंगे और तब हमें उस समय अनोखा आनंद प्राप्त होगा । इस तरह हर कर्म करते करते हमारा पूरा जीवन ही आनंदमय और शांतिमय हो जाएगा ।

★★★★

संन्यासः कर्मयोगश्च निःश्रेयसकरावुभौ ।
तयोस्तु कर्मसंन्यासात्कर्मयोगो विशिष्यते ॥ ५-२॥

कर्मसंन्यास और कर्मयोग ये दोनों ही परम कल्याणकारी हैं परंतु इन दोनों में साधन की सुगमता के कारण कर्मयोग ज्यादा श्रेष्ठ है।

विद्याविनयसम्पन्ने ब्राह्मणे गवि हस्तिनि ।

शुनि चैव श्वपाके च पण्डिताः समदर्शिनः ॥ ५-१८ ॥

जिनकी दृष्टि ऐसे अंजन से शुद्ध हो गयी हैं, जिनके अन्तःचक्षु ज्ञान ज्योति स्वरूप है उन्हें विद्वान, गज, गाय, श्वान, बिल्ली तथा पशुभक्षी हीन प्राणी सब एक समान प्रतीत होते है, सभी को वे समदृष्टि से देखते है।

शक्नोतीहैव यः सोढुं प्राक्शरीरविमोक्षणात् ।

कामक्रोधोद्भवं वेगं स युक्तः स सुखी नरः ॥ ५-२३ ॥

जो मनुष्य लालसा, काम और क्रोध के आवेग को सामर्थ्य से सहकर उन पर नियंत्रण पा लेता है उसे इसी जन्म में सर्वोच्च ज्ञान और निरामय आंतरिक शांति का लाभ होता है।

★ ★ ★ ★

पाठ ६ अध्याय ६

ज्ञान से युक्त छात्र व्यक्ति के साथ जाति-पाति, धर्म, सामाजिक, आर्थिक ऊँच-नीच के आधार पर किए जाने वाले भेदभावपूर्ण व्यवहार में न तो स्वयं हिस्सा लेता हैं न ही स्वयं ऐसा भेदभाव करता हैं। प्रगल्भता की अगले पड़ाव पर पहुँचने के बाद तो वह इसी तरह दो राष्ट्रों के बीच किए जाने वाले भेदभावपूर्ण व्यवहार का भी समर्थन नहीं करता और स्वयं भी ऐसा व्यवहार नहीं करता।

पाठ ६
वैश्विक भावना का उदय ।

इस अध्याय से हम जीवन में अनुशासन का क्या महत्त्व है? यह सिख पाते हैं। हमने इसके पूर्व के अध्यायों में यह सिखा है कि अगर हम, बिना फल की आशा के कर्म करना शुरू करें तो निःसंशय हम अतुलनीय और आश्चर्यजनक कार्य अत्यंत कुशलता से व सर्वोत्तम रीति से कर पाते है। कर्म में सातत्य और कर्मफल के त्याग से मनुष्य अपनी आकलन शक्ति का विस्तार कर मन को भी विशाल कर सकता है किंतु यह सब तभी संभव होता है जब यह पूरी प्रक्रिया अनुशासन के साथ की जाए।

भोजन, निद्रा और नित्य कर्म इन तीनों के विषय में अगर हम अनुशासन, सातत्य और नियमितता का पालन करें तो अपने मन को नियंत्रित करना आसान होता है और फ़िर जीवन से दुखों का अंत सुनिश्चित है। छात्र अगर इस त्रिसूत्री का पालन करें तो वह संयमशील व विशाल हृदयधारी होगा और उसे यह भी ज्ञात होगा कि दिव्य ईशतत्त्व का अंश जो उसके भीतर है वही हर प्राणीमात्र में भी है और इस प्रकार उसका वैश्विक छात्र में रूपांतरण हो जाएगा।

फिर ऐसा छात्र, व्यक्ति से जात-पात, धर्म, सामाजिक, आर्थिक, ऊँच-नीच के आधार पर किए जाने वाले भेदभावपूर्ण व्यवहार में न तो स्वयं हिस्सा लेता है न ही स्वयं ऐसा भेदभाव करता है। प्रगल्भता के अगले पड़ाव पर पहुँचने के बाद तो वह इसी तरह दो राष्ट्रों के बीच किए जाने वाले भेदभावपूर्ण व्यवहार का भी समर्थन नहीं करता और स्वयं भी ऐसा व्यवहार नहीं करता क्योंकि उसे यह ज्ञात रहता है कि दिव्य ईशतत्त्व का अंश जो

उसके भीतर है वही सारे संसार अथवा विश्व में भी स्थित है।

जब ऐसी विचारधारा से युक्त छात्र अनुशासन को अपनाकर जीवन व्यतीत कर रहा हो तथा अपने सानिध्य में आने वाले हर व्यक्ति को सहिष्णुता से स्वीकार करता हो, उनके साथ व्यवहार में किसी भी तरह के भेदभाव को स्थान नहीं देता हो वह सही अर्थ में ''वैश्विक छात्र'' कहलाने योग्य है। आज हर छात्र को ऐसे ''वैश्विक छात्र'' बनाना अत्यंत आवश्यक एवं प्रासंगिक हो गया है।

अनाश्रितः कर्मफलं कार्यं कर्म करोति यः ।

स संन्यासी च योगी च न निरग्निर्न चाक्रियः ॥ ६-१॥

जो फल की आशा किए बिना कर्म करता है वही वास्तविक संन्यासी या योगी है। कर्म को त्यागने वाला या यज्ञाग्नि का त्याग कराने वाला वास्तविक संन्यासी या योगी नहीं होता।

युक्ताहारविहारस्य युक्तचेष्टस्य कर्मसु ।

युक्तस्वप्नावबोधस्य योगो भवति दुःखहा ॥ ६-१७ ॥

जो व्यक्ति निद्रा, आहार, विहार, कर्म में सातत्य और नियमितता रखता है वह दुःख का विनाश करने वाले इस योग से लाभान्वित होता है।

सर्वभूतस्थमात्मानं सर्वभूतानि चात्मनि ।

ईक्षते योगयुक्तात्मा सर्वत्र समदर्शनः ॥ ६-२९॥

जो व्यक्ति स्वयं सर्वव्यापी ईशत्व का अंश बन सभी प्राणिमात्र के प्रति एकत्व और समत्व की भावना रखते हुए सभी में स्वयं को और स्वयं में सभीको प्रतीत कर, किसी भी प्रकारके भेदभाव से दूर रहता है तब वह वास्तव में योगात्मा होता है।

★★★★

पाठ ७ अध्याय ७

इस संसार में जो जो उदात्त, उत्तम, शुद्ध और महामंगल है वह सब स्वाभाविक रूप से इस ईश्वरीय दिव्य तत्त्व में समाए हुए है यह हमें ज्ञात होना चाहिए।

पाठ ७
सर्वव्यापी ईशतत्त्व का अस्तित्व ।

योग का शब्दार्थ है एकत्व, एकरूपता । भगवान् श्रीकृष्णजी को हमारा ईश्वर से, दिव्यत्व से एकरूप होना अभिप्रेत है। वे अर्जुन से कहते हैं कि सारे विश्व में यह दिव्यत्व, ईशतत्त्व शाश्वत रूप में स्थित है। यह तत्त्व सभी रसों, गंधों से लेकर सूर्य, चन्द्र तक; अनादि प्रणव ओंकार से लेकर मनुष्य की चेतना तक सभी में स्थित है। इस संसार में जो उदात्त, उत्तम, शुद्ध और महा मंगल है, वह सब स्वाभाविक रूप से इस ईश्वरीय दिव्य तत्त्व में समाया हुआ है यह हमें ज्ञात होना चाहिए। जब-जब हम उत्तम सुगंध का, अग्नि के तेज का तथा उसकी सुखद उर्जा का अनुभव लेते है तब-तब हमें इस एकत्व की अनुभूति होती है। भगवान् जब अर्जुन से कहते हैं कि वे सर्वव्यापी है और सारा विश्व भी उन्हीं में समाया हुआ है तब वे इसी सर्वव्यापी ईश्वरीय तत्त्व की बात कर रहे होते हैं।

आगे भगवान् श्रीकृष्णजी अर्जुन से कहते हैं कि मनुष्य के लिये एक ही आकांक्षा रखना योग्य है और वह है स्वधर्म पालन की । हर व्यक्ति का एक विहित धर्म होता है जैसे – पढ़ना या ज्ञान ग्रहण करना छात्र का, ज्ञानदान आचार्य या शिक्षक का, रुग्णों का उपचार वैद्य या डॉक्टर का, देश संरक्षण योद्धा का, सुशासन शासक का। यह बात हमें शायद भ्रमित कर दे कि जब हर व्यक्ति का धर्म अलग-अलग है तो सब में एकत्व कैसे संभव होगा? इस प्रश्न का उत्तर भी भगवान् श्रीकृष्णजी ने गीता में दिया है। वे कहते है, ''मानव जाति व मनुष्य धर्मके उत्थान के लिए कार्य करना यही सर्वोत्तम धर्म है।'' यह एक ही उद्देश्य ध्यान में रख कर अगर हर कोई अपने-अपने धर्म

का पालन करे तो अपेक्षित एकत्व स्वयमेव स्थापित हो जाएगा।

भगवान् श्रीकृष्णजी अर्जुन से कहते हैं, ''सत्शील, सदाचारी व्यक्ति निःस्वार्थ रीति से उचित कर्म करते हैं, वे सभी पाप संकल्पनाओं से मुक्त होते हैं क्योंकि कर्म करते समय उनके मन में कोई भी भौतिक लालसा या आकांक्षा नहीं होती। वही सही मायने में ज्ञानी होते हैं इसलिए की वे सर्वव्यापी, शाश्वत, दिव्य ईशतत्त्व के अस्तित्व में दृढ़ विश्वास रखते हैं, उसे पूजते हैं।''

★★★★

ज्ञानं तेऽहं सविज्ञानमिदं वक्ष्याम्यशेषतः ।
यज्ज्ञात्वा नेह भूयोऽन्यज्ज्ञातव्यमवशिष्यते ।। ७-२ ।।

अब मैं तुम्हें योग द्वारा प्राप्त किए जाने वाले ऐसे ज्ञान का परिचय दूँगा जो प्राप्त करने के पश्चात् अन्य कुछ भी ज्ञात करने लायक शेष नहीं रहता । यह तत्त्वज्ञान, विज्ञान के साथ संपूर्णतः विदित कराता हूँ।

रसोऽहमप्सु कौन्तेय प्रभास्मि शशिसूर्ययोः
प्रणवः सर्ववेदेषु शब्दः खे पौरुषं नृषु ।। ७-८ ।।

हे अर्जुन, मैं रसों का स्वाद हूँ, सूर्य चन्द्र का प्रकाश हूँ, विश्वकी निर्मिति के समयका प्रणव ओंकार भी मैं ही हूँ और पुरुषों का पुरुषत्व, आकाश का शब्द भी मैं ही हूँ।

पुण्योगन्धः पृथिव्यां च तेजश्चास्मि विभाव सौ ।
जीवनं सर्वभूतेषु तपश्चास्मि तपस्विषु ।। ७-९।।

पृथ्वी का पवित्रतम गंध मैं हूँ, अग्नि की दाहकता और तेज मैं हूँ, सारे प्राणिमात्र में स्थित चेतना मैं हूँ और तपस्वियों का तप भी मैं ही हूँ,

बलं बलवतां चाहं कामरागविवर्जितम् ।
धर्माविरुद्धो भूतेषु कामोऽस्मि भरतर्षभ ।। ७-११ ।।

हे अर्जुन, महाबलवानों का बल, सामर्थ्य मैं हूँ और यह सामर्थ्य बिना किसी आसक्ति या कामना का है। नव निर्मिति की उर्जा मैं हूँ और धर्मपालन की विशुद्ध कामना भी मैं ही हूँ।

येषां त्वन्तगतं पापं जनानां पुण्यकर्मणाम् ।
ते द्वन्द्वमोहनिर्मुक्ता भजन्ते मां दृढव्रताः ।। ७-२८।।

निष्काम कर्म करने से जिनके पाप नष्ट हो चुके हैं, जिन्होंने सभी भौतिक इच्छाओं का, ईर्ष्या तथा मोह का पूर्णतः त्याग किया हो ऐसें सद्शील पुण्यात्मा मुझमें निष्ठा रखकर मुझे ही भजते हैं।

★ ★ ★ ★

पाठ ८ अध्याय ८

विजेताओं के लिए एकाग्रता, दृढ़भाव और समर्पण यह तीन गुण सहायक और महत्त्वपूर्ण होते हैं ऐसा भगवान् श्रीकृष्णजी कहते हैं।

पाठ ८
दिव्य कर्म पूर्ति ।

इस अध्याय में ऐसे तीन श्लोकों का हम यहाँ अभ्यास करेंगे जो छात्र के जीवन से भलीभांति जुड़े हुए हैं।

विजेताओं के लिए एकाग्रता, दृढ़भाव और समर्पण यह तीन गुण सहायकारी और महत्त्वपूर्ण होते हैं ऐसा भगवान् श्रीकृष्णजी कहते हैं। वे अर्जुन से कहते है कि अगर मनुष्य इन तीनों गुणों को धारण कर अपना हर कर्म करे तो उसके सारे कर्म सर्वोच्च गुणवत्ता के होंगे। एक कहावत है, ''जैसी आपकी सोच वैसा आपका चरित्र।'' अगर हम अपने ''लक्ष्य'' के बारे में आस धरकर सातत्य से उसकी प्राप्ति के प्रति प्रयत्नशील रहें तो हम निश्चय ही सफल होते हैं। इस तरह एकाग्रता, दृढ़भाव और समर्पण को अपनी सोच और चरित्र का स्वाभाविक हिस्सा बनाकर स्वयं भी प्रशंसनीय हो जाते है।

बिना एकाग्र हुए हम कोई भी कर्म प्रभावशील रीति से नहीं कर सकते। कर्म प्रभावशील तभी होता है जब वह एकाग्रता से, प्रेम से, भक्तिपूर्वक और भावपूर्ण रीति से किया जाता है। जो प्रभावशील कर्म, फल की आशा किए बिना किया जाए उसकी पूर्तता स्वाभाविक रूप से समर्पण की भावना से होती है और फिर वह कर्म दिव्यकर्म हो जाता है।

भगवान् श्रीकृष्णजी अर्जुन से कहते हैं कि अगर वह सदैव दिव्यत्व का, ईशत्व का स्मरण कर और समर्पण की भावना से कर्म करेगा तो वह उसी दिव्यत्व से, ईशतत्त्व से एकरूप हो जाएगा। उसी तरह छात्र अगर हर समय, जैसे – खेलते हुए, पढ़ाई करते हुए, सुख-दुःख के प्रसंग में दिव्यतत्त्व का, ईशतत्त्व का स्मरण रखेगा तो वह भी दिव्य छात्र बन जाएगा। ऐसे दिव्य छात्र

नव निर्मिति व अखिल जगत के उत्थान में अत्यंत महत्त्वपूर्ण भूमिका निभाएंगे ।

तस्मात्सर्वेषु कालेषु मामनुस्मर युध्य च ।
मय्यर्पितमनोबुद्धिर्मामेवैष्यस्यसंश यम् ॥ ८-७ ॥

हे अर्जुन, युद्ध तथा कोई भी कर्म करते समय तुम निरंतर मेरा स्मरण करो। अपना मन और बुद्धि मुझमें स्थिर करो तो तुम मुझमें समा जाओगे ।

अभ्यासयोगयुक्तेन चेतसा नान्यगामिना ।
परमं पुरुषं दिव्यं याति पार्थानुचिन्तयन् ॥ ८-८॥

हे पार्थ, जो मनुष्य अपने चित्त को नियंत्रित कर समर्पण की भावना से, परमात्मा के ध्यान रूपी योग से मेरी प्राप्ति की कामना करता है वह मेरे दिव्य स्वरूप में समा जाता है।

अनन्यचेताः सततं यो मां स्मरति नित्यशः ।
तस्याहं सुलभः पार्थ नित्ययुक्तस्य योगिनः ॥ ८-१४॥

हे अर्जुन, जो व्यक्ति सदैव मुझे स्मरण करता है, मेरे चिंतन में निमग्न रहता है, जिसका चित्त स्थिर हो गया है ऐसे योगी व्यक्ति को मैं सहजता से प्राप्त होता हूँ, वह मुझमें ही समा जाता है।

पाठ ९ अध्याय ९

भगवान् श्रीकृष्णजी कहतें हैं कि किसी भी पद्धति से लेकिन प्रेम, दृढ़ श्रद्धा एवम् संपूर्ण शरणागत भावना से की गई प्रार्थना, भक्ति योग्य और परिपूर्ण होती है।

पाठ ९
प्रार्थना पद्धति ।

ईश्वर की प्रार्थना अनेकों पद्धतियों से की जाती है और फिर इस विषय में हमें कई तरह के रीति-रिवाज भी देखने को मिलते हैं। परिणामस्वरूप कई बार हमारे मन में यह दुविधा होती है कि इनमें से कौनसी पद्धति योग्य या श्रेष्ठ है ?

श्रीमद् भगवद्गीता में भगवान् श्रीकृष्णजी ने इस दुविधा को बड़ी ही सुंदरता से दूर किया है। वे कहते हैं कि किसी भी पद्धति से लेकिन प्रेम, दृढ़ श्रद्धा और संपूर्ण शरणागत भावना से की गई प्रार्थना व भक्ति योग्य और परिपूर्ण होती है। विशुद्ध दृढ़ भक्ति और समर्पण की भावना से अगर हम केवल पत्र, पुष्प या पानी भी ईश्वर को अर्पण करें तो वह उन्हें प्राप्त हो जाता है।

कई बार हम यह अनुभव करते हैं कि कुछ लोग धार्मिक स्थानो में तो शांति से प्रार्थना करते हैं किंतु बाहर आते ही शांति को त्याग कर क्रोधित तथा उत्तेजित होकर चीखना चिल्लाना शुरू कर देते हैं। यह बिलकुल ही अनुचित है। भगवान् श्रीकृष्णजी कहते हैं कि जब हमें हर कार्य या कर्म स्थिरचित्त होकर ईश्वर को समर्पित करने की भावना से करना हैं तो क्या ईश्वर को, शांति को त्याग कर क्रोधित तथा उत्तेजित होकर चीखना चिल्लाना स्वीकार्य होगा ?

इस तथ्य को अगर हम सदैव स्मरण रखें तो हम क्रोध और दुःख से मुक्ति पाकर सदैव शांत, प्रसन्नचित्त एवं आनंदित रहेंगे। अगर हम त्याग को प्रार्थना के स्वरूप में ईश्वर को समर्पित करें तो ऐसे त्याग में हमें किसी भी प्रकार के दबाव या नुकसान का सामना नहीं करना पडेगा। किसी की मदद करते समय भी अगर हम वह ईश्वर को समर्पित करने की भावना से करते हैं तो हम मुक्ति

के अनोखे आनंद का अनुभव करेंगे। इस वृत्ति को हम अगर अपनी जीवनशैली बना लें तो उसके पश्चात् हमें अच्छे-बुरे की चिंता नहीं सताएगी। हमें अपने भीतर की आवाज़ सुनाई देने लगेगी जिसके अनुसरण से हमें अपने वास्तविक सामर्थ्य और लक्ष्य की प्राप्ति होगी।

★★★★

पत्रं पुष्पं फलं तोयं यो मे भक्त्या प्रयच्छति ।
तदहं भक्त्युपहृतमश्नामि प्रयतात्मनः ।। ९–२६ ।।

मुझे अगर कोई अत्यंत प्रेमभावना से, समर्पण की वृत्ति से केवल पत्र, पुष्प या पानी भी अर्पण करता है तो वह मुझे प्रिय होता है और मैं उसे पूर्णरूप से स्वीकार करता हूँ।

यत्करोषि यदश्नासि यज्जुहोषि ददासि यत् ।
यत्तपस्यसि कौन्तेय तत्कुरुष्व मदर्पणम् ।। ९–२७ ।।

तुम जो भी कर्म, त्याग, तप, दान तथा हवन करते हो तो वह आत्म प्रेरणा से और मुझे अर्पण करने की भावना से या मेरी इच्छा समझ कर करोगे ।

शुभाशुभफलैरेवं मोक्ष्यसे कर्मबन्धनैः ।
संन्यासयोगयुक्तात्मा विमुक्तो मामुपैष्यसि ।। ९–२८।।

मुझे अर्पण करने की भावना से और फलकी अपेक्षा किए बिना किए गए हर कर्म के बंधन से तुम मुक्त रहोगे और अंततः मुझमें ही सम्मिलित हो जाओगे।

★★★★

पाठ १० अध्याय १०

कीर्ति, वाणी का माधुर्य, स्मृति, मेधा व क्षमा ये सभी मूलतः प्रकृति के स्वरूप हैं।
इस विश्व में जो भी उदात्त महामंगल, सुंदर और सूर्य के समान ऊर्जा का स्रोत है
उन सभी में यह दिव्य ईशतत्त्व स्थित है।

पाठ १०
प्रकृति में स्थित दिव्यत्व की पहचान ।

भगवान् श्रीकृष्णजी कहते है, ''जब किसी व्यक्ति को इस सत्य का ज्ञान होता है कि विश्व में पृथ्वी के निर्माण के पूर्व से ही सर्वशक्तिमान दिव्य ईशतत्त्व का अस्तित्व चला आ रहा है तो फिर वह व्यक्ति हर प्रकार के भय और भ्रम से मुक्त हो जाता है। ऐसा व्यक्ति कभी भी राक्षसी प्रवृत्ति के अधीन नहीं होता।''

अर्जुन भगवान् श्रीकृष्णजी से बिनती करता है कि विश्व में स्थित इस दिव्यत्व को कैसे जाना, पहचाना जा सकता है? कृपया यह बताएं और यह भी बताएं कि विश्व की हर वस्तु और प्राणिमात्र में हम इस दिव्यतत्त्व को कैसे देखें व प्रतीत करें।

भगवान् श्रीकृष्णजी कहते हैं, ''यह दिव्यतत्त्व हर वस्तुमात्र में स्थित होता है चाहे वह अति विशाल या सूक्ष्मातिसूक्ष्म ही क्यों न हो। यही उसके जन्म–मरण का कार्यकारण भाव होता है। वस्तु या प्राणिमात्र के दार्शनिक दिव्य गुणों से उसके भीतर स्थित इस दिव्यतत्त्व की पहचान होती है।''

वे आगे कहते है, ''कीर्ति, वाणी का माधुर्य, स्मृति, मेधा व क्षमा ये सभी मूलतः प्रकृति के स्वरूप हैं। दिव्यत्व की पहचान राज्यकर्ता के कौशल में, विजेता के बल में, यशस्वी व्यक्ति की नीति में और गोपनीयता के गोप्य में की जा सकती है। दिव्य ईशतत्त्व का यह ज्ञान व्यक्ति को सुझ व कीर्तिमान बनाता है।''

''इस विश्व में जो भी उदात्त, महामंगल, सुंदर और सूर्य के समान ऊर्जा का स्रोत है उन सभी में यह दिव्य ईशतत्त्व स्थित है।''

अंततः भगवान् श्रीकृष्णजी अर्जुनको समझाते हैं कि इस दिव्य ईशतत्त्व की सर्वव्यापकता को जानने के लिए उसे भगवान् के सारे अवतार, सारे जन्मों के विषय में जान लेना जरूरी नहीं है। अगर वह केवल यह जान ले कि दिव्य ईशतत्त्व एक ही समय में सम्पूर्ण विश्वमें समाया हुआ है और सम्पूर्ण विश्व उसका केवल एक अंशमात्र है तो वह ज्ञानी हो जाएगा।

यो मामजमनादिं च वेत्ति लोकमहेश्वरम् ।

असम्मूढः स मर्त्येषु सर्वपापैः प्रमुच्यते ॥ १०-३॥

जिसे यह ज्ञात है कि मैं जन्म रहित, आदि-अंत रहित हूँ और सम्पूर्ण विश्व का, प्राणिमात्र का ईशात्मा हूँ, वह सभी पापों से मुक्ति पा लेता है।

अहमात्मा गुडाकेश सर्वभूताशयस्थितः ।

अहमादिश्च मध्यं च भूतानामन्त एव च ॥ १०-२० ॥

सभी में स्थित ईशात्मा मैं ही हूँ, सभी छोटे-बड़े जीवात्माओं का आरंभ, मध्य और अंत भी मैं ही हूँ।

मृत्युः सर्वहरश्चाहमुद्भवश्च भविष्यताम् ।

कीर्तिः श्रीर्वाक्च नारीणां स्मृतिर्मेधा धृतिः क्षमा ॥ १०-३४॥

सभी जीवोंके जन्म मृत्यु का कारण मैं हूँ, प्रकृति द्वारा उत्पन्न कीर्ति, वाणी का माधुर्य, स्मृति, मेधा व क्षमा यह भी मैं ही हूँ।

दण्डो दमयतामस्मि नीतिरस्मि जिगीषताम् ।

मौनं चैवा स्मि गुह्यानां ज्ञानं ज्ञानवतामहम् ॥ १०-३८॥

शासक की शासन शक्ति मैं हूँ, विजय की कामना करने वाले की नीति मैं हूँ, गोपनीयता का गोप्य मै हूँ और ज्ञानी जनों का ज्ञान भी मैं ही हूँ।

यद्यद्विभूतिमत्सत्त्वं श्रीमदूर्जितमेव वा ।

तत्तदेवावगच्छ त्वं मम तेजोंऽशसम्भवम् ॥ १०-४१ ॥

इस विश्व में जो कुछ तेज से, सौन्दर्य से, ऐश्वर्य से और बल से युक्त है वह सब मेरे दिव्यत्व के अंश का प्रकटीकरण है।

★★★★

पाठ ११ अध्याय ११

आदर्श छात्र आकांक्षा, लालसा और ईर्ष्या को त्याग कर सभी कार्य दिव्य ईशतत्त्व का साधन बनकर करता है।

पाठ ११
आदर्श छात्र ।

भगवान् श्रीकृष्णजी द्वारा परमात्मा के इन सभी गुणों का वर्णन सुनने के बाद अर्जुन के भीतर उनके ''पूर्णस्वरूप'' के दर्शन की अभिलाषा ने रूप धारण कर लिया और उसने भगवान् श्रीकृष्णजी से उनके, वास्तविक दिव्य व विश्वव्यापी स्वरूप का दर्शन कराने की बिनती की।

मनुष्य, अपने नेत्रोंद्वारा केवल मानवीय दृष्टि सीमा में देखे जा सकने वाली वस्तुओं, विषयों अथवा पक्षों को देखने की क्षमता रखता है। वह सहस्त्ररश्मि दीप्तिमान सूर्य के दर्शन भी अपनी सामान्य दृष्टि से शायद ही कर पाता है। जब भगवान् श्रीकृष्णजी अर्जुन से कहते हैं कि उसकी सामान्य दृष्टि से उनका वास्तविक स्वरूप देख पाना संभव नहीं है तो अर्जुन उनसे बिनती करता है कि भगवान् श्रीकृष्णजी उसे सक्षम कर अपने वास्तविक स्वरूप का दर्शन उसके लिए सुलभ करें। चूँकि अर्जुन असीम भक्ति भावना से युक्त एवं पवित्र हृदय वाला भक्त तथा उनका प्रिय सखा है इसलिए श्रीकृष्ण उसे दिव्यदृष्टि प्रदान करते हैं ताकि वह उनके अद्वितीय दिव्य स्वरूप का दर्शन कर सके ।

अर्जुन को वे ईश्वर के उस अद्भुत, अद्वितिय, शब्दों से परे, सर्वव्यापी विश्वरूप में दर्शन देते है। उस दर्शन से प्रथमतः वह विस्मित, निःशब्द हो जाता है। कोई भी प्रतिक्रिया व्यक्त नहीं कर पाता । उसे ऐसा प्रतीत होता है कि कोटि कोटि सूर्यों का तेज एक होकर बना वह नेत्रदीपक हिरण्यगर्भ सम्पूर्ण व्योम में व्याप्त है। वह सब कुछ इतना अनंत, असीम और शक्तिशाली है कि धुरंधर अर्जुन भयग्रस्त हो जाता है और वह अपना धीरज

खो देता है। शुरु में जो उसे असीम शांति का अनुभव होता है उसकी जगह अब हताशा ले लेती है। उसे ऐसा प्रतीत होता है कि सब कुछ उसी से उत्पन्न और उस महाअग्निमे भस्मीभूत हो रहा हैं। भयप्रद और रोंगटे खड़े कर देने वाला दृश्य देखकर वह तुरंत साष्टांग प्रणाम करता है। प्रचंड ध्वनि गर्जना में स्वयं काल उसे बता रहा है कि वह समस्त प्राणियों का संहारक तथा अधर्मियों एवं असत्य के मार्ग पर चलने वालों को दण्डित करनेवाला काल है। अर्जुन उस समस्त विश्व को व्यापने वाले महाकाय, महाविक्राल रूपधारी से बिनती करता है कि वे सौम्य रूप धारण करें जिससे की अपनी बुद्धि और मन के धरातल पर वह सहज हो पाए।

अर्जुन की बिनती के अनुसार उस परमात्मा ने अत्यंत आनंददायी व शान्तिरूप धारण किया जिस रूप को अर्जुन श्रीकृष्णजी के नाम से जानता था। श्रीकृष्णजी ने अर्जुन से कहा कि वह सही मायने में मुक्त हो जाए, सबका सखा बन जाए और अपने सारे कर्तव्य प्रामाणिकता से, भक्तिपूर्ण भाव से तथा सम्पूर्ण समर्पण की भावना से करें जिससे की वह ईशतत्त्व से एकरूप हो जाए।

भगवान् श्रीकृष्णजी द्वारा अर्जुन को दिया गया यह उपदेश आज के छात्रों के लिए भी लाभदायक व हितकारक है। ''आदर्श छात्र आकांक्षा, लालसा, ईर्ष्या को त्याग कर सभी कर्म दिव्य ईशतत्त्व का साधन बनकर करता है।''

दिवि सूर्यसहस्रस्य भवेद्युगपदुत्थिता ।

यदि भाः सदृशी सा स्याद्भासस्तस्य महात्मनः ॥ ११–१२ ॥

कोटि कोटि सूर्यों के तेजसे भी जिसकी आभा, जिसका तेज प्रखरतम है दिव्य परमात्मा के तेजो मण्डल से संपूर्ण आकाश व्याप्त हो गया ।

तत्रैकस्थं जगत्कृत्स्नं प्रविभक्तमनेकधा ।

अपश्यद्देवदेवस्य शरीरे पाण्डवस्तदा ।। ११-१३ ।।

एक ही समय में अवर्णनीय, सुन्दरतम, अकल्पनीय, भयप्रद और सर्वशक्तिमान प्रतीत होने वाले उस अतिविशाल विश्वरूप को देखते ही अर्जुन ने विस्मित, हर्षित और रोमांचित होकर साष्टांग प्रणाम किया।

नभःस्पृशं दीप्तमनेकवर्णं व्यात्ताननं दीप्तविशालनेत्रम् ।

दृष्ट्वा हि त्वां प्रव्यथितान्तरात्मा धृतिं न विन्दामि शमं च विष्णो ।।११-२४।।

हे प्रभु, आपके इस सम्पूर्ण ब्रह्माण्ड में समाने वाले अत्यंत तेजस्वी, रौद्र, बहुमुखी, बहुनेत्री और विकराल विश्वरूप दर्शन से मैंने धैर्य और शांति खो दी है और इस कारण मैं उस दर्शन का आनंद नहीं ले पा रहा हूँ।

कालोऽस्मि लोकक्षयकृत्प्रवृद्धो लोकान् समाहर्तुमिह प्रवृत्तः ।

ऋतेऽपि त्वां न भविष्यन्ति सर्वे येऽवस्थिताः प्रत्यनीकेषु योधाः।।११-३२।।

हे अर्जुन, सभी प्राणिमात्रों का संहारक काल मैं हूँ। तुमने युद्ध नहीं भी किया तो भी इन योद्धाओं की मृत्यु और सर्वनाश निश्चित है। तुम्हारे बिना भी इन सबका अस्तित्व रहने वाला नहीं है।

मत्कर्मकृन्मत्परमो मद्भक्तः सङ्गवर्जितः ।

निर्वैरः सर्वभूतेषु यः स मामेति पाण्डव ।। ११-५५।।

हे अर्जुन! तुम अपने आपको मुझे समर्पित कर दो, मेरा अनन्य भक्त और साधन बनकर मेरे लिए कर्म करने वाला बन जाओ । ऐसा भक्त बनने से तुम्हारे मन में किसी के भी प्रति शत्रुता की भावना नहीं रहेगी, तुम अनासक्त होकर मुझमें ही समा जाओगे ।

पाठ १२ अध्याय १२

हमवान् श्रीकृष्णजी कहते हैं कि उपासना में समाविष्ट भक्तिभाव और श्रद्धा, उपासना की पद्धति से बढ़कर महत्त्वपूर्ण होते हैं ।

पाठ १२
भक्त का योगधर्म ।

परमात्मा के दिव्य विश्वरूप का असीम आनंद पाकर, कृतार्थ होकर अर्जुन भगवान् श्रीकृष्णजी से भक्ति के विषय में एक अत्यंत महत्त्वपूर्ण प्रश्न पूछता है, ''हे प्रभु, सर्वश्रेष्ठ भक्त किसे कहना चाहिए? ईश्वर के सगुण रूप की उपासना करने वाला या फिर निर्गुण, निराकार अनंत रूप की आराधना करने वाला?''

उत्तर में भगवान् श्रीकृष्णजी ने कहा की उपासना में समाविष्ट भक्तिभाव और श्रद्धा, उपासनाकी पद्धति से अधिक महत्त्वपूर्ण होते हैं । वे आगे कहते है कि जिनका चित्त पूर्णरूप से स्थिर हो चुका है, जो बिना कोई संदेह तथा शंका किए दृढ़ भाव से व सम्पूर्ण समर्पण की भावना से परमात्मा की शरण में जाते है वे ही सर्वोत्तम भक्त कहने लायक है। परमात्मा के प्रति अविरत, अखंड व एकाग्र रीति से केंद्रित रहने में मनुष्य को सहायता करने वाले तीन विकल्पों के बारे में भगवान् श्रीकृष्णजी अर्जुन को अवगत कराते हुए कहते है कि –

१। मनुष्य अगर साधना करते समय अपना चित्त स्थिर और दृढ़ न कर पाता हो तो वह उसे नित्य योगाभ्यास से साध्य कर सकता है।

२। योगाभ्यास करने में भी अगर उसे कठिनाई प्रतीत होती हो तो वह अपना प्रत्येक कर्म परमात्मा के प्रति समर्पण की भावना के साथ परमात्मा का ही समझकर करे। इस समर्पण से उसका हर कर्म या कृति परिपूर्ण और दिव्य हो जाएगी ।

३। प्रत्येक कर्म करते समय हर पल परमात्मा का स्मरण करना उसे अगर साध्य न होता हो तो कम से कम उसे इस स्थिति में प्रत्येक कर्म, फल की

आशा किए बिना निष्काम भावना से करना चाहिए ।

भगवान् श्रीकृष्णजी द्वारा बताए गए ये तीन विकल्प हमारे लिए वास्तव में बहुत ही लाभकारी हैं। हर कोई अपने- अपने स्वभाव–धर्म और प्रकृति–धर्म के अनुसार इनमें से योग्य विकल्प अपना सकता है। जीवन में अगर हमें दिव्य कर्म करने हैं तो हर कर्म करते समय हमें अपना चित्त हर पल परमात्मा पर केंद्रित करना होगा। हम अगर यह चाहते है कि हमारे सभी कर्म सर्वार्थ से परिपूर्ण हो तो वह कर्म करते समय की जाने वाली हर कृति हमें परमात्मा को समर्पित करनी होगी। अगर हमें सदैव मुक्त और आनंदित रहना हैं तो हमें अपने प्रत्येक कर्म का फल परमात्मा को अर्पण करना होगा।

जो कोई इन तीनो में से एक विकल्प अपना लेगा वह अपना जीवन सदैव शांति से व्यतीत करेगा और उसके भीतर कभी भी किसी के भी प्रति शत्रुता की भावना जागृत नहीं होगी। सम्पूर्ण प्राणिमात्र के प्रति उसमें नि:स्वार्थ प्रेम की भावना जागृत होगी और वह जगत मित्र हो जाएगा। उसे कभी अहंकार की बाधा नहीं होगी, वह किसी अन्य को विचलित नहीं करेगा और न ही स्वयं कभी किसी के कारण विचलित होगा।

उसके पश्चात् भगवान् श्रीकृष्णजी अर्जुन को उन्हें किस प्रकार का भक्त सबसे ज्यादा प्रिय होता है इसके बारे में बताते है। वे कहते है कि उन्हें वही भक्त सबसे ज्यादा प्रिय होता है जिसने केवल भगवद्भक्ति, भगवद्प्रेम को ही अपने जीवनसूत्र के रूप में स्वीकार किया हो और उसकी प्राप्ति के लिए ही वह अपना सम्पूर्ण जीवन व्यतीत कर रहा हो ।

ऐसा भक्त परमात्मा के वचन का अनुसरण करता है और वह अखिल मानव जाति के लिए उत्तम तथा अनुकरणीय आदर्श होता है।

एवं सततयुक्ता ये भक्तास्त्वां पर्युपासते ।

ये चाप्यक्षरमव्यक्तं तेषां के योगवित्तमाः ॥ १२–१ ॥

अर्जुन, ''हे प्रभु, जो सदैव भक्तिपूर्ण अन्तःकरण से आपके सगुण रूप की

उपासना करते हैं और जो अविनाशी सच्चिदानन्दघन निराकार ब्रह्म की उपासना करते हैं इन में से आपकी दृष्टि में कौन उत्तम योगी होते है ?''

मय्यावेश्य मनो ये मां नित्ययुक्ता उपासते ।

श्रद्धया परयोपे तास्ते में युक्ततमा मताः ॥ १२-२ ॥

भगवान् श्रीकृष्णजी आगे कहते हैं, ''जो भक्त अपना चित्त मुझमें स्थिर और एकाग्र कर मेरे सगुण रूप की दृढ़ श्रद्धा से उपासना करते हैं वे मेरे भक्तों में श्रेष्ठतम भक्त हैं।''

अथ चित्तं समाधातुं न शक्नोषि मयि स्थिरम् ।

अभ्यासयोगेन ततो मामिच्छातुं धनञ्जय ॥ १२-९॥

''अगर तुम मेरे प्रति स्थिर और दृढ़ चित्त नहीं बना सकते हो तो योगाभ्यास के द्वारा तुम अपनी चित्त शक्ति को इस काम के प्रति सक्षम करके मेरी प्राप्ति की इच्छा कर सकते हो।''

अभ्यासेऽ प्यसमर्थोऽसि मत्कर्मपरमो भव ।

मदर्थमपि कर्माणि कुर्वन्सिद्धिमवाप्स्यसि ॥१२ -१० ॥

''अगर तुम योगाभ्यास करने में भी असमर्थ हो तो तुम अपना प्रत्येक कर्म मेरा समझ कर, मुझे अर्पण करना जिसके परिणामस्वरूप तुम मुझे प्राप्त कर सकोगे ।'फ

अथैतदप्यशक्तोऽसि कर्तुं मद्योगमाश्रितः ।

सर्वकर्मफलत्यागं ततः कुरु यतात्मवान् ॥ १२-११॥

''अगर तुम निरंतर मेरा स्मरण करते हुए ऐसी साधना करने में भी असमर्थ हो तो तुम दृढ़ निश्चय से, स्वयं संयम द्वारा मन और बुद्धि पर नियंत्रण पा कर अपने सभी कर्म निष्काम भावना से करो ।''

ये तु धर्म्यामृतमिदं यथोक्तं पर्युपासते ।

श्रद्दधाना मत्परमा भक्तास्तेऽतीव मे प्रियाः ॥ १२-२० ॥

''तथापि मेरा सबसे प्रियतम भक्त वह है जो मेरी सीख का दृढ़ भक्ति से,

निष्काम भावना से अनुसरण करता है, जिसका जीवन ध्येय 'केवल और केवल परमात्मा के प्रति प्रेम' होता है।''

★ ★ ★ ★

निष्काम भावना से अनुसरण करता है, जिसका जीवन ध्येय 'केवल और केवल परमात्मा के प्रति प्रेम' होता है।''

★ ★ ★ ★

पाठ १३ अध्याय १३

प्रकृति मूलरूप से सृजनशील होती है और वह ईश्वरीय चित् शक्ति जानी जाती है। पुरुष के समान दिव्य प्रकृति भी अनादि है और सभी जीव उसमें समाविष्ट हैं।

पाठ १३
ईश्वरीय चित् शक्ति।

कल्पना करें कि हम एक क्रीडांगण से गुजर रहे हैं जहाँ पर अनेकों बच्चे कई गुटों मे गेंद के साथ खेल रहे हैं। अचानक कहीं से एक गेंद तेजी से हमारी दिशा में आती है। ऐसे समय पर अगर हम चौकन्ना होते हैं तो हम उस गेंद के रास्ते से हटकर उसकी मार से अपने को बचा सकते हैं किंतु अगर हम चौकन्ने नहीं है तो उसकी मार से बचना मुश्किल होगा। ठीक इसी तरह हमें अपने जीवन में सदैव सतर्क व चौकन्ना रहना चाहिए जिससे की हम अचानक आने वाले किसी भी प्रसंग के अनुचित परिणाम व घबराहट से अपने आप को बचा सकें। जीवन में ऐसी बाधाएं आना निश्चित है इसका सदैव स्मरण रखना यही वह सतर्कता है।

भगवान् श्रीकृष्णजी अर्जुन से कहते है कि हमारा शरीर एक ''क्षेत्र'' के समान है इस बात का सदैव स्मरण रहे। यह ''क्षेत्र'' जिस तरह से अपने व्यवहारों को कार्यान्वित करता है उस कार्यान्वयन के स्वरूप का ज्ञान जिसे पूर्ण रूप से हुआ है वही परम ज्ञानी होता है। इस ''क्षेत्र'' का पूर्ण रूप से ज्ञान होना ही मनुष्य की उच्चतम ज्ञानप्राप्ति है। भगवान् श्रीकृष्णजी आगे कहते हैं कि यह देह पांच तत्त्वों (पृथ्वी, अग्नि, वायु, जल व आकाश) से युक्त है। पांच कर्म इंद्रियों (मुख, हाथ, पैर, उपस्थ व गुदा) और पांच ज्ञानेन्द्रियों (आँख, नाक, कान, जिह्वा और त्वचा) अर्थात् कुल दस संवेदनाओं और ग्यारहवी बुद्धि द्वारा इस ''क्षेत्र'' के विश्व के साथ होने वाले व्यवहारों का कार्यान्वयन होता है। इसीलिए अपने इस ''क्षेत्र रूपी'' देह का और बुद्धि का समग्र ज्ञान होना अत्यंत जरूरी होता है जो प्रत्येक मनुष्य का आदि या

मूल कर्तव्य है।

ईश्वरीय चित् शक्ति :– भगवान् श्रीकृष्णजी अर्जुन से कहते हैं कि विश्व में ''पुरुष'' और ''प्रकृति'' के स्वरूप में द्वैत का अस्तित्व है। प्रकृति मूलरूप से सृजनशील होती है वह ईश्वरीय चित् शक्ति है। प्रकृति से ही सभी गुण-दोषों का सृजन होता है। पुरुष के समान दिव्य प्रकृति भी अनादि है और सभी जीवमात्र उस में समाविष्ट हैं।

हर प्राणिमात्र में बिना कोई भेदभाव किए ईश्वर का अंश स्थित होता है। नश्वर और अशाश्वत देह में शाश्वत, चिरंजीवी ईशतत्त्व का निवास होता है। जिसको यह प्रतीत हो जाए और जो यह जान जाए वही परम ज्ञानी होता है क्योंकि ऐसे ज्ञानी को ही सत्य का ज्ञान और दर्शन होता है। वह यह जानता है कि जिस तरह महाभयंकर आंधी के केंद्र में आवेग का पूर्ण अभाव होता है अर्थात पूर्ण शांति होती हैं उसी तरह विश्व के अनेकानेक शक्तियों द्वारा असंख्य मात्रा में निर्मित कोलाहलों, अव्यवस्थाओं, घटनाओं, परिस्थितियों के केंद्र में भी परम शांतिस्वरूप परमात्मा का निवास होता है। श्रीमद् भगवद्गीता में कहा गया है कि इसका ज्ञान जिसको हुआ है ऐसा ज्ञानी सभी प्रकार की वासनाओं की ज्वालाओं से पूर्णतः सुरक्षित होता है और उसे उच्चतम और शाश्वत स्थान प्राप्त होता है।

इदं शरीरं कौन्तेय क्षेत्रमित्यभिधीयते ।

एतद्यो वेत्ति तं प्राहुः क्षेत्रज्ञ इति तद्विदः ॥ १३–१॥

हे अर्जुन, मनुष्य का शरीर क्षेत्र के समान है। इस क्षेत्र का स्वरूप, उसके द्वारा किए जाने वाले व्यवहारों का स्वरूप जो जानता है, वही ज्ञाता कहलाता है।

तत्क्षेत्रं यच्च यादृक्च यद्विकारि यतश्च यत् ।

स च यो यत्प्रभावश्च तत्समासेन मे शृणु ॥ १३–३॥

इस क्षेत्र की उत्पत्ति, इसका स्वरूप, इसकी विशेषताएं इसके प्रभाव की

परिसीमा और परिणाम इन सबके बारे में जिसको सम्पूर्ण ज्ञान है उसे ''क्षेत्रज्ञ'' कहते है। इन सभी विषयों के बारे में मैं तुम्हें बताऊंगा ।

महाभूतान्यहङ्कारो बुद्धिरव्यक्तमेव च ।

इन्द्रियाणि दशैकं च पञ्च चेन्द्रियगोचराः ॥ १३-५॥

यह क्षेत्र पंच महाभूतों, पंच कर्मेन्द्रियों, मन, बुद्धि, अहंकार और ईश्वरीय चित् शक्ति से परिपूर्ण है।

प्रकृतिं पुरुषं चैव विद्ध्यनादी उभावपि ।

विकारांश्च गुणांश्चैव विद्धि प्रकृतिसम्भवान् ॥ १३-१९ ॥

प्रकृति और पुरुष दोनोंही अनादि है। काम, क्रोध, लोभ, मोह, माया, ईर्ष्या आदि षड् रिपु तथा सत्त्व, रजस्, तमस् गुणादि (त्रिगुणात्मक सम्पूर्ण) पदार्थ यह सभी प्रकृति से ही उत्पन्न होते हैं।

समं सर्वेषु भूतेषु तिष्ठन्तं परमेश्वरम् ।

विनश्यत्स्वविनश्यन्तं यः पश्यति स पश्यति ॥ १३-२७ ॥

इस नश्वर जगत के सभी पदार्थों में, सभी जीव-जंतुओं में, प्राणिमात्र में ईशतत्त्व स्थित है यह जानकर जो सदैव, सर्वत्र समत्व की दृष्टि से देखता है उसकी दृष्टि ही सही दृष्टि होती है।

समं पश्यन्हि सर्वत्र समवस्थितमीश्वरम् ।

न हिनस्त्यात्मनात्मानं ततो याति परां गतिम् ॥ १३-२८ ॥

इस तरह से, जो सभी में समानरूप से स्थित परमात्मा को स्थिरचित्त होकर जान लेता है और परिणामस्वरूप 'शरीर नष्ट हुआ तो भी आत्मा नष्ट नहीं होती' इस सत्य का सदैव स्मरण रखता है वह प्रकृति द्वारा उत्पन्न होने वाले विकारों में से किसी भी विकार से बाधित व प्रभावित नहीं होता।

★★★★

पाठ १४ अध्याय १४

हमारा यह प्रयास होना चाहिए कि हम राजसिक और तामसिक वृत्ति पर नियंत्रण पा कर सात्त्विक वृत्ति की वृद्धि के लिए सदैव प्रयत्नशील रहे ।

पाठ १४
प्रकृति का त्रिगुणात्मक स्वरूप ।

भगवान् श्रीकृष्णजी अर्जुन से आगे कहते है कि अगर प्रकृति के स्वरूप के बारे में जानना है तो हमें उसके अंगीभूत त्रिगुणों के बारे में जानकारी करना आवश्यक है। राजसिक (अस्थिर, चंचल वृत्ति), तामसिक (आलस्य वृत्ति) और सात्त्विक (शांत वृत्ति) यह वे तीन गुण है जो हर व्यक्ति में समाए हुए होते हैं।

राजसिक वृत्ति में सदैव कोई कार्य करते रहने की वृत्ति बलवान होती है, प्रियता-अप्रियता की संकल्पनाएं दृढ़ होती हैं और आसक्ति तथा स्वामित्व की वृत्ति तीव्र होती है। व्यक्ति में स्थित यह गुण जब बाकी दो गुणों की तुलना में बलवान होता है तब उसकी कार्यप्रवण वृत्ति का रूपांतर अभिलाषा व आसक्ति में हो जाता है और आसक्ति सदैव दुःख तथा विनाश का कारण होती है।

जिस व्यक्ति में तामसिक वृत्ति बाकी दो गुणों की तुलना में बलवान होती है उसमें आलस्य व बेपरवाही बढ़ी हुई नजर आती है। उदासीनता और निष्क्रियता उस पर हावी हो जाती है। ऐसे व्यक्ति को नींद बहुत प्यारी होती है, काम को टालने की प्रवृत्ति होती है। ऐसा व्यक्ति स्वयं द्वारा बुने हुए अज्ञान के कोश में रहने में ही आनंदित होता है। इस प्रवृत्ति के कुछ भी लाभदायक परिणाम नहीं होते ।

जिस व्यक्ति में सात्त्विक प्रवृत्ति बाकी दो गुणों की तुलना में बलवान होती है वह हर कार्य अत्यंत शुद्ध अन्तःकरण से, पूर्ण निष्ठा से और प्रामाणिकता से करता है। ऐसे व्यक्ति किसी भी परिस्थिति का आसानी से सामना करते हुए

उससे निपटने में सक्षम होते हैं। ऐसा व्यक्ति सदैव आनंदित, शांत मनोवृत्ति का और हर प्रकार के ज्ञान प्राप्ति में रुचि लेकर उसके द्वारा आनंद प्राप्त करने का इच्छुक होता है।

अपार हम गंभीरता से आत्मपरीक्षण करेंगे तो हमें यह प्रतीत होगा कि हममें भी वह त्रिगुण वृत्तियां समायी हुई हैं। प्रत्येक प्रसंग में व कारणवश समय-समय पर वे हम पर हावी रहती है। इसलिये हमारा सदैव यह प्रयास होना चाहिए कि हम इनमें से राजसिक और तामसिक प्रवृत्ति पर नियंत्रण पा कर सात्त्विक प्रवृत्ति की वृद्धि के लिए प्रयत्नशील रहे।

जिस व्यक्ति में सात्त्विक गुण बलवान है वह व्यक्ति उन्नति के पथ पर अग्रसर होकर उच्चतम अवस्था को प्राप्त कर सकता है । राजसिक गुण से बलवान रहने वाला व्यक्ति मध्यम स्थिति में रहता है, उसका पतन होने की संभावना कम होती है किंतु जिस व्यक्ति में तामसिक गुण बलवान होता उसका जल्दी से पतन हो जाता है।

अर्जुन भगवान् श्रीकृष्णजी से पूछता है, ''हे प्रभु, जिस व्यक्ति ने इन तीनों गुण प्रवृत्तियों पर विजय प्राप्त की हो ऐसे व्यक्ति को कैसे जाना जा सकता है?'' भगवान् श्रीकृष्णजी कहते हैं, ''जो व्यक्ति सुख और दुःख दोनों समय में शान्त और स्थिरचित्त होता है, जिसके लिए पत्थर, मिट्टी और सोना तीनों ही एक समान है, जो स्तुति, निंदा, मित्रता और शत्रुता इन सभी का संयत और संतुलित मन से सामना करता है तो समझो की उसने इन त्रिगुणात्मक वृत्तियों पर विजय पाकर दिव्यत्व को भी पा लिया है।''

★ ★ ★ ★

सत्त्वं रजस्तम इति गुणाः प्रकृतिसम्भवाः: ।

निबध्नन्ति महाबाहो देहे देहिनमव्ययम् ॥ १४-५॥

सत्त्व, रज और तम इन गुणों की उत्पत्ति प्रकृति से हुई है और यह आत्मा को जड़ देह या शरीर से बांध के रखते है तथा यह तीनों मनुष्य के देह, मन और

(७६)

बुद्धि पर राज करते हैं।

तत्र सत्त्वं निर्मलत्वात्प्रकाशकमनामयम् ।

सुखसङ्गेन बध्नाति ज्ञानसङ्गेन चानघ ॥ १४-६॥

सत्त्व गुण निर्मल और शुद्ध होता है, इससे कोई विकार उत्पन्न नहीं होते। आनंद और ज्ञान की अवस्था द्वारा यह व्यक्त होता है।

रजो रागात्मकं विद्धि तृष्णासङ्गसमुद्भवम् ।

तन्निबध्नाति कौन्तेय कर्मसङ्गेन देहिनम् ॥ १४-७ ॥

रजोगुण से इच्छा और लालसा उत्पन्न होती हैं। इन इच्छाओं और लालसाओं की पूर्तता की कामना लेकर किए गए कर्म और उन कर्मों के फल मनुष्य को बांध देते है।

तमस्त्वज्ञानजं विद्धि मोहनं सर्वदेहिनाम् ।

प्रमादालस्यनिद्राभिस्तन्निबध्नाति भारत ॥ १४-८ ॥

अज्ञान से तमोगुण उत्पन्न होता है। वह जीवात्मा को नींद, आलस्य और निष्क्रियता से बांध देता है।

कैर्लिंगैस्त्रीनगुणानेतानतीतो भवति प्रभो ।

किमाचारः कथं चैतांस्त्रीनगुणानतिवर्तते ॥ १४-२१ ॥

अर्जुन पूछता है, 'हे भगवन्, जिस व्यक्ति ने इन तीनों गुणों पर विजय पा ली हो ऐसे व्यक्ति के कौनसे लक्षण होते है? मनुष्य किस रीति से इन तीन गुणों को पार कर सकता है?''

प्रकाशं च प्रवृत्तिं च मोहमेव च पाण्डव ।

न द्वेष्टि सम्प्रवृत्तानि न निवृत्तानि काङ्क्षति ॥ १४-२२ ॥

इन तीनो गुणों पर जिस व्यक्ति ने विजय प्राप्त कर ली हो, ऐसा व्यक्ति इन गुणों के कारक रूपों के उत्पन्न होने पर दुःख नहीं करता और उत्पन्न न होने पर उनकी कामना भी नहीं करता।

समदुःखसुखः स्वस्थः समलोष्टाश्मकाञ्चनः ।

तुल्यप्रियाप्रियो धीरस्तुल्यनिन्दात्मसंस्तुति : ।। १४-२४ ।।

जो मनुष्य सदैव आत्मानुभव में लीन रहता हो, सुख दुःख जिसके लिए एक समान होते हैं, जो पत्थर, मिट्टी, व सोना इन सब को एक समान मानता हो, जो ज्ञानी है, जिसे निंदा और स्तुति एक समान लगते हो,

मानापमानयोस्तुल्यस्तुल्यो मित्रारिपक्षयो: ।

सर्वारम्भपरित्यागी गुणातीतः स उच्यते ।। १४-२५।।

मान-अपमान से जिस पर कोई असर न पड़ता हो, जो मित्र व शत्रु इन दोनों के प्रति समान दृष्टिकोण रखता हो, जिसके सारे कर्म, अभिमान रहित, फल की आशा किए बिना होते है ऐसे मनुष्य को त्रिगुणों से मुक्त जाना जाता है।

★ ★ ★ ★

पाठ १५ अध्याय १५

इस ब्रह्मांड का निर्माण अचानक, सहजता, अपघात स्वरूप या योगायोग से और बिना कारण नहीं हुआ है। विश्व में भासमान और प्रतीत होने वाली सारी अव्यवस्थाओं, कोलाहल अथवा घबराहटों में भी दिव्य ईश्वरीय सूत्र विद्यमान हैं।

पाठ १५
निर्मिति का ईश्वरीय कार्यकारण भाव ।

इस अध्याय में भगवान् श्रीकृष्णजी अर्जुन को विश्व की उत्पत्ति के पीछे जो ईश्वर का कार्यकारण भाव है उससे अवगत कराते हैं। वे कहते हैं कि विश्व का निर्माण किसी विशेष उद्द्येश्यसे किया गया हैं और वही ''दिव्य ईश्वरीय उद्देश्य'' कहलाता है। वे आगे कहते हैं कि इसकी संरचना अचानक, सहजता से, अपघात स्वरूप, योगायोग से, या बिना किसी उद्देश्य से नहीं हुई है। विश्व में भासमान और प्रतीत होने वाली समस्त व्यवस्थाओं-अव्यवस्थाओं तथा, कोलाहलों इत्यादि में भी दिव्य ईश्वरीय सूत्र विद्यमान है। विश्व और इस में समाविष्ट समस्त स्थितियों-परिस्थितियों का निर्माण दिव्य परमात्मा से हुआ है और इन सब में परमात्मा का सूक्ष्मातिसूक्ष्म अंश स्थित है।

सम्पूर्ण ब्रह्माण्ड, उसमें स्थित अनंत तारें, ग्रह, उपग्रह तथा नक्षत्र इत्यादि प्रकाश से जगमगा रहें हैं। इस संपूर्ण प्रकाश का स्रोत भी दिव्य परमात्मा ही है। अग्नि को प्रज्ज्वलित करनेवाला तथा समस्त प्राणियों में स्थित प्राणशक्ति भी यह दिव्य परमात्मा ही है।

विश्व में दो प्रकार के अस्तित्व है। एक वह जो विनाशी है, जो नष्ट होते रहते हैं और दूसरा वह जो अविनाशी है जो कभी नष्ट नहीं होते । समस्त प्राणियों का अस्तित्व विनाशी है और दिव्य ईश्वरीय अस्तित्व अविनाशी है। यह अविनाशी होने के साथ साथ अनादि व अनंत है इसलिए इसे ज्ञाताओं ने, वेदों में ''परम आत्मा'' से संबोधित किया है।

★★★★

ममैवांशो जीवलोके जीवभूतः सनातनः ।
मनःषष्ठानीन्द्रियाणि प्रकृतिस्थानि कर्षति ॥१५-७॥

भगवान श्रीकृष्णजी कहते है, ''सभी जीवों की उत्पत्ति मुझसे ही होती है और इसलिए उन में स्थित जीवात्मा मेरी ही चित् शक्ति का अंश मात्र है। प्रकृति में भी होने के कारण उन जीवात्माओं के मन और पांचो इंन्द्रियों का संचालन भी मैं ही करता हूँ।''

यदादित्यगतं तेजो जगद्भासयतेऽखिलम् ।
यच्चन्द्रमसि यच्चाग्नौ तत्तेजो विद्धि मामकम् ॥१५-१२॥

''हे अर्जुन, सम्पूर्ण विश्व को प्रकाशमान करने वाले चन्द्र, सूर्य, अनंत तारेगण और अग्नि इन सबका प्रकाश और तेज मैं ही हूँ।''

अहं वैश्वानरो भूत्वा प्राणिनां देहमाश्रितः ।
प्राणापानसमायुक्तः पचाम्यन्नं चतुर्विधम् ॥१५-१४॥

''सभी प्राणियों के देह में स्थित ''प्राण और अपान'' इन दोनों से युक्त ''वैश्वानर'', अग्नि का रूप धारण कर मैं ही अन्न के चारों प्रकारों का पाचन कर उन प्राणिमात्रों के देहों का पोषण करता हूँ।''

द्वाविमौ पुरुषौ लोके क्षरश्चाक्षर एव च ।
क्षरः सर्वाणि भूतानि कूटस्थोऽक्षर उच्यते ॥१५-१६॥

''विश्व में नश्वर (नष्ट होने वाला) और शाश्वत (अविनाशी) ऐसे दो प्रकार के ही अस्तित्व होते हैं। सभी प्राणियों के देह नश्वर किंतु उन देहों के भीतर बसने वाला मेरा अंश अर्थात जीवात्मा शाश्वत होता है।''

यस्मात्क्षरमतीतोऽहमक्षरादपि चोत्तमः ।
अतोऽस्मि लोके वेदे च प्रथितः पुरुषोत्तमः ॥ १५-१८ ॥

मै जड़त्व के परे हूँ। अविनाशी जीवात्मा से भी उच्च उत्तम होने के कारण मुझे विश्व में तथा वेदों में ''परम आत्मा'' ''पुरुषोत्तम'' संबोधित किया गया है।

★★★★

पाठ १६ अध्याय १६

मनुष्य द्वारा किए जाने वाले व्यवहार के स्वरूप से उसके दो गुणविशेषताओं के बारे में हम जान सकते हैं। एक है दैवी और दूसरा है आसुरी।

पाठ १६
दैवी और आसुरी गुण प्रवृत्तियां ।

भगवान् श्रीकृष्णजी आगे कहते है कि मनुष्य द्वारा किए जाने वाले व्यवहार के स्वरूप से उसके दोनों गुणों की विशेषताओं के बारे में हम जान सकते हैं। एक है दैवी और दूसरा है आसुरी ।

सामान्यतया हम ऐसे देखते हैं कि अलग-अलग प्रकार के लोग जब किसी सामूहिक कार्य के कारण इकट्ठा होते हैं तब उनके, अपने-अपने स्वाभाविक गुणों के अनुसार समविचारी लोगों के गुट अनायास बन जाते हैं।

ऐसे गुटों में से एक गुट के लोग प्रामाणिकता से तथा विशुद्ध हेतु से अच्छी घटनाओं व अच्छे कार्यों की चर्चा करते दिखाई देते हैं। इस व्यवहार से वे अधिक विशुद्ध और उन्नत मार्ग पर अग्रसर होते हैं। यह लोग सत्यप्रिय, अहिंसक वृत्ति को धारण करने वाले, क्रोध पर नियंत्रण करने वाले तथा शांतिप्रिय होते हैं। वे दूसरों की कमियों को नहीं देखते, दूसरों के प्रति उनके मन में ममता, प्रेम और करुणा होती है। उन्हें किसी चीज की लालसा नहीं होती । इनके व्यवहार व वाणी में मधुरता, विनय और नम्रता होती है। ऐसे लोगों के सान्निध्य में अनोखी विशुद्धता का अनुभव होता है क्योंकि वे सर्वथा संतुलित तथा ईर्ष्या, गर्व और अहंकार से मुक्त होते है। ऐसे लोगों को दैवी गुणों से युक्त कहा जाता है।

दूसरे गुटों के लोग अहंकारी, घमंडी और आत्मस्तुति से संतुष्ट होने वाले होते हैं। इनका अहंकार मानो दूसरों के अहंकार से स्पर्धा कर रहा होता है। ऐसे व्यवहार से आनंदित होने से वे एक दूसरे के इस तरह के व्यवहार को बढ़ावा देते हैं और प्रोत्साहित करते हैं। इन्हें ऐसी ही विचारधारा के लोगों के

साथ रहने में आनंद प्राप्त होता है। इनकी यह दृढ़ भावना व विश्वास होता है कि इस जगत में सत्य या ईश्वरीय गुण कोई मायने नहीं रखते हैं तथा इनकी कोई कीमत नहीं है। उनका यह मानना रहता है कि इस विश्व की उत्पत्ति केवल एक संयोग है और इस विश्व का परिचालन ईर्ष्या और लालच द्वारा होता है। इस विचारधारा के लोग सदैव सत्ता और संपत्तियों पर कब्ज़ा करने और उसमें बढ़ोतरी करने के प्रयास में लगे हुए होते है। ईर्ष्या और लालच की तृप्ति में ही वे आनंद पाते हैं। ईर्ष्या, लालच, काम और क्रोध के जाल में फ़सनें से इन्हे योग्य और अयोग्य का विवेक नहीं होता हैं। वे सदैव किसी न किसी चिंता से ग्रस्त होते हैं। अच्छाई और ईश्वरीय गुणों के प्रति उन्हें अरुचि होती है। भगवान श्रीकृष्णजी ने ऐसी मनोवृत्ति के लोगों को आसुरी प्रवृत्ति वाले संबोधित किया है।

महाअंधकार के तीन द्वार:–

वासना, क्रोध और लालच यह अंधकार, अधोगति और पतन के तीन महाद्वार कहलाते हैं। आसुरी प्रवृत्ति वाले लोग इन तीन महाद्वारों में ही अटके रहते हैं। किंतु जो लोग ईश्वरीय या दैवी गुण प्रवृत्ति के होते है वे इन तीनों को त्याग देते हैं और इसलिए सदैव मुक्त रहते हैं।

★★★★

अभयं सत्त्वसंशुद्धिर्ज्ञानयोगव्यवस्थिति:
दानं दमश्च यज्ञश्च स्वाध्यायस्तप आर्जवम् ॥ १६–१॥

भगवान् श्रीकृष्णजी आगे कहते है कि निर्मल अन्तःकरण, निर्भयता, ज्ञान प्राप्ति के लिए दृढ़ योगसाधना, कर्म और ज्ञानेंद्रियों का दमन, मन और बुद्धि पर नियंत्रण, वेदों का अध्ययन, उत्तम कर्मों का अनुसरण।

अहिंसा सत्यमक्रोधस्त्याग: शान्तिरपैशुनम् ।

दया भूतेष्वलोलुप्त्वं मार्दवं हीरचापलम् ॥१६-२॥

क्रोध से मुक्ति, सत्य और अहिंसा का पालन, अहंकार, लोकनिंदा, लालच और आसक्ति का त्याग, सभी प्राणिओं के प्रति विशुद्ध प्रेम, दया, समर्पण और दृढ़ निश्चय ।

तेज: क्षमा धृति: शौचमद्रोहो नातिमानिता ।

भवन्ति सम्पदं दैवीमभिजातस्य भारत ॥१६-३॥

गर्व और अभिमान रहित होना, क्षमाशील, धैर्यवान और सदैव संतुलित होना आदि लक्षणों, जो कि दैवी या ईश्वरीय गुण हैं, से युक्त लोग दैवीय गुण वाले होते हैं।

दम्भो दर्पोऽभिमानश्च क्रोध: पारुष्यमेव च ।

अज्ञानं चाभिजातस्य पार्थ सम्पदमासुरीम् ॥१६-४॥

हे अर्जुन, अहंकार, गर्व, घमंड, क्रोध, कठोरता व अज्ञान यह आसुरी गुणों वाले लोगों के लक्षण है।

दैवी सम्पद्विमोक्षाय निबन्धायासुरी मता ।

मा शुच: सम्पदं दैवीमभिजातोऽसि पाण्डव ॥१६-५॥

दैवी अर्थात् ईश्वरीय गुणों से मुक्ति प्राप्त होती है तो आसुरी गुण बंधनों का कारण होते हैं। परन्तु हे अर्जुन, तुम विषाद मत करो क्योंकि तुम ईश्वरीय गुण लेकर ही जन्मे हो।

प्रवृत्तिं च निवृत्तिं च जना न विदुरासुरा: ।

न शौचं नापि चाचारो न सत्यं तेष विद्यते ॥१६-७॥

आसुरी प्रवृत्ति के लोग योग्य-अयोग्य कर्म में भेद नहीं जानते (क्योंकि) वे अज्ञानी होते हैं तथा उनमे संयम, निवृत्ति, विश्वसनीयता, सत्यनिष्ठता इन सब का पूर्णतः अभाव होता है।

असत्यमप्रतिष्ठं ते जगदाहुरनीश्वरम् ।

अपरस्परसम्भूतं किमन्यत्कामहैतुकम् ॥१६-८॥

आसुरी प्रवृत्ति के लोग यह मानने वाले होते हैं कि यह जगत सत्य विहीन और असत्य से भरा है। वे ईश्वर के अस्तित्व को नकार कर केवल काम भावना को ही विश्व के निर्माण का कारण मानते हैं।

काममाश्रित्य दुष्पूरं दम्भमानमदान्विताः ।

मोहाद् गृहीत्वासद्ग्राहान्प्रवर्तन्तेऽशुचिव्रताः ॥१६-१०॥

उद्दण्डता, गर्व और अहंकार को जिन्होंने अपना लिया है ऐसे आसुरी प्रवृत्ति के लोग, जिन लालसाओं व कामनाओं की कभी भी संतुष्टि नहीं हो सकती उनके अधीन होने व अज्ञान के कारण उन्हीं लालसाओं की व कामनाओं की पूर्ति के लिए सदैव सत्ता और संपत्तियों को प्राप्त करने के प्रयासों में लगे रहते हैं।

★★★★

पाठ १७ अध्याय १७

व्यक्ति का आहार भी उसकी रुचि, पसंद और उसे अच्छे लगने वाले स्वादों को उसके द्वारा दिए जानेवाले महत्त्व के अनुसार तीन गुण प्रवृत्तियों से युक्त होता है। व्यक्तिमात्र की विशेषता के अनुसार उसका आहार भी सात्त्विक, राजसिक या तामसिक स्वरूप का होता है।

पाठ १७
श्रद्धा और त्रिगुणात्मक प्रवृत्ति ।

अर्जुन भगवान् श्रीकृष्णजी से पूछते हैं कि जो व्यक्ति शास्त्रों में बताई गयी पद्धतियों से अतिरिक्त बहुत ही श्रद्धायुक्त अन्तःकरण से और उच्चतम समर्पण की भावना से कोई कर्म करें तो उस स्थिति में उसकी जो श्रद्धा होती है उस श्रद्धा को राजसिक, तामसिक या सात्त्विक श्रद्धा में से क्या समझा जाना चाहिए?

भगवान् श्रीकृष्णजी कहते हैं कि हम हर व्यक्ति में इन तीनों ही गुण प्रवृत्तियों को अनेक रूपों में देख सकते हैं। इन तीनों में से जो गुण प्रवृत्ति व्यक्ति में ज्यादा प्रबल होती है वैसे ही उस व्यक्ति का स्वभाव और आचरण हो जाता है।

व्यक्ति द्वारा किए जाने वाले कर्म, तप, त्याग, दान और परोपकार पर भी इन तीनों गुण प्रवृत्तियों का प्रभाव पड़ता है। उसकी श्रद्धा भी इन गुण प्रवृत्तियों के प्रभाव के अनुसार विविध प्रकार का रूप धारण करती है। हर व्यक्ति की श्रद्धा अलग-अलग होती है। उसका स्वरूप व्यक्ति की नैसर्गिक भावना पर निर्भर होता है। जैसी उसकी श्रद्धा उसी प्रकार का उसका बर्ताव होता है और वह जीवन भी उसी प्रकार से व्यतीत करता है। इतना ही नहीं, व्यक्ति का आहार भी उसकी रुचि, पसंद और उसे अच्छे लगने वाले स्वादों को उसके द्वारा दिए जाने वाले महत्त्व के अनुसार इन तीन गुण प्रवृत्तियों से युक्त होता है। व्यक्तिमात्र की विशेषता के अनुसार उसका आहार भी सात्त्विक, राजसिक या तामसिक स्वरूप का होता है।

व्यक्ति के विचार, स्वभाव, बर्ताव और स्वास्थ्य इन सभी बातों पर, उस

व्यक्ति के द्वारा लिए जाने वाले आहार के स्वरूप का सीधा प्रभाव होता है। इसलिए छात्रों को किस तरह का आहार लेना है इस बारे में सदैव अत्यंत जागरूक और सतर्क रहना चाहिए। जिससे उनका मन और शरीर सभी दोषों और रोगों से मुक्त रहे तथा वे स्वस्थ रहें।

सात्त्विक आहार पौष्टिकता से परिपूर्ण, रसयुक्त तथा ताज़ा बना होता है। यह आहार बल और बुद्धि वर्धक होता है। सात्त्विक प्रवृत्ति के व्यक्तियों को यह आहार प्रिय होता है और इसलिए वे सामान्यतया दीर्घ आयु के और स्वस्थ होते है।

राजसिक प्रवृत्ति के व्यक्तियों को कड़वा, खट्टा, तीखा, ज्यादा नमकीन और रस शोषक आहार प्रिय होता है। इस तरह के आहार के सेवन से चिंता और मनमौजी वृत्ति बढ़ जाती है, स्वास्थ्य कमज़ोर होता है और इस कारणवश कोई भी रोग उन्हें जल्दी घेर लेता है।

तामसिक वृत्ति के व्यक्तियों को बासी, कम पका हुआ, तैलीय और ज्यादा मात्रा में मसालों वाला, रसहीन और झूठा आहार प्रिय होता है। इन तीनों प्रकार की प्रवृत्तियों वाले आहारों मे से यह तामसिक आहार सबसे कनिष्ठ प्रकार का है और इसलिए त्यागने योग्य होता है।

इसके पूर्व हमने यह ज्ञात कर लिया है कि इन तीनों गुण प्रवृत्तियों में से सात्त्विक वृत्ति ही सर्वोत्तम है और इसलिए हमें उसी को अपनाना चाहिए। जिससे कि हमारे सभी कर्म, सभी विचार समर्पण वृत्ति से होंगे और अंततः यही हमारे उत्थान में सहायक होंगे ।

★★★★

त्रिविधा भवति श्रद्धा देहिनां सा स्वभावजा ।
सात्त्विकी राजसी चैव तामसी चेति तां श्रृणु ॥१७ –२॥

श्रीकृष्णजी कहते हैं, ''हे अर्जुन, व्यक्ति में, केवल स्वभाव से निर्माण होने वाली श्रद्धा उसकी अंगीभूत प्रभावशाली गुण प्रवृत्ति के अनुसार सात्त्विक,

राजसिक या तामसिक किसी एक प्रकार की होती है।''

सत्त्वानुरूपा सर्वस्य श्रद्धा भवति भारत ।

श्रद्धामयोऽयं पुरुषो यो यच्छुद्ध: स एव स: ।।१७-३।।

हर व्यक्ति की श्रद्धा अलग अलग होती है जो कि उसके अन्तःकरण के स्वरूप के अनुसार होती है। और जैसी उसकी श्रद्धा होगी वैसा ही वह व्यक्ति होगा।

आहारस्त्वपि सर्वस्य त्रिविधो भवति प्रिय: ।

यज्ञस्तपस्तथा दानं तेषां भेदमिमं श्रृणु ।।१७-७।।

हर व्यक्ति के गुण प्रवृत्ति के अनुसार उसे प्रिय लगने वाला आहार भी तीन प्रकार का होता है। उसके कर्म, तप, त्याग और दान, परोपकार इत्यादि भी तीन प्रकार के गुण प्रवृत्तियों के भेद स्वरूप होते है। मैं तुम्हें उनसे विस्तार से अवगत कराता हूँ।

आयु: सत्त्वबलारोग्यसुखप्रीतिविवर्धना: ।

रस्या: स्निग्धा: स्थिरा हृद्या आहारा: सात्त्विकप्रिया: ।।१७ -८ ।।

सात्त्विक गुण प्रवृत्ति के व्यक्ति को रसयुक्त, स्निग्ध, पौष्टिक, ताज़ा, और बल, बुद्धि तथा आयुष्यवर्धक आहार प्रिय होता है।

कट्वम्ललवणात्युष्णतीक्ष्णरूक्षविदाहिन: ।

आहारा राजसस्येष्टा दु:खशोकामयप्रदा: ।।१७ -९।।

राजसिक गुण प्रवृत्ति के व्यक्ति को कड़वा, तीखा, ज्यादा नमकीन और रस शोषक आहार प्रिय होता है। परिणामस्वरूप वह चिंता और अस्वास्थ्य से घिरा रहता है।

यातयामं गतरसं पूति पर्युषितं च यत् ।

उच्छिष्टमपि चामेध्यं भोजनं तामसप्रियम् ।।१७ -१० ।।

तामसिक गुण प्रवृत्ति के व्यक्ति को कम पका, कच्चा, बांसी, रसहीन और गंधयुक्त आहार प्रिय होता है।

दातव्यमिति यद्दानं दीयतेऽनुपकारिणे ।
देशे काले च पात्रे च तद्दानं सात्त्विकं स्मृतम् ।।१७ –२० ।।

सही समय पर योग्य व्यक्ति को कोई कामना या अभिलाषा किए बिना तथा बिना उपकृत करने की भावना से दिया हुआ दान सात्त्विक दान होता है।

★★★★

पाठ १८ अध्याय १८

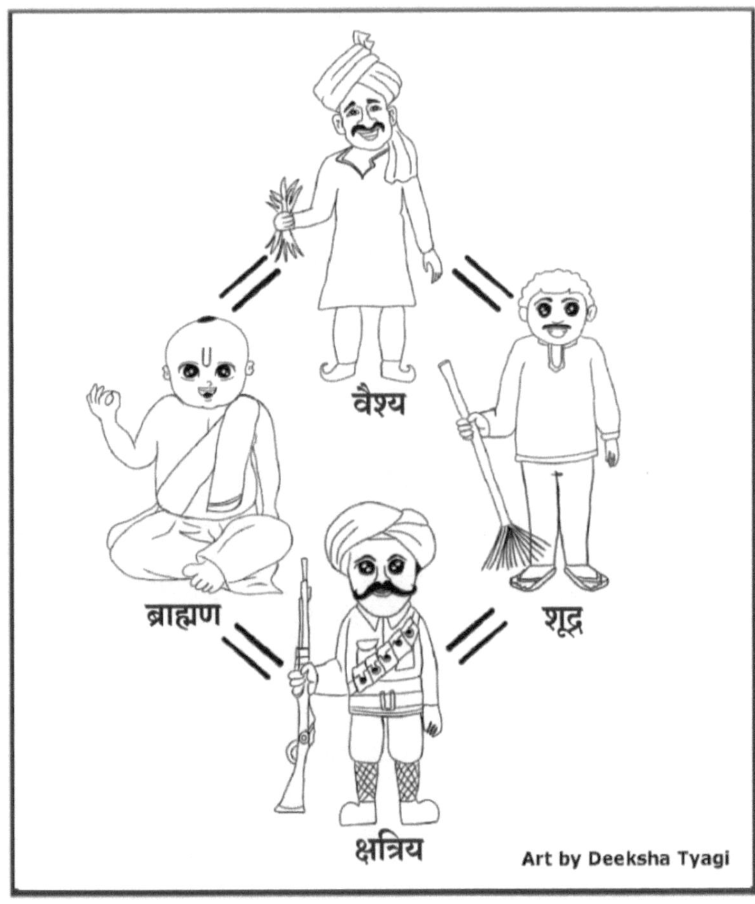

भगवान् श्रीकृष्णजी के इस कथन से यह बात सूर्यप्रकाश की भांति स्पष्ट है कि व्यक्ति का वर्ण, जिस वर्ण में उसने जन्म लिया है उससे तय नहीं होता अपितु उसने

पाठ १८
वर्ण समानता और मुक्ति।

श्रीमद भगवद्गीता के इस अंतिम अध्याय में एक अत्यंत महत्त्वपूर्ण विषय – मोक्ष या मुक्ति का स्वातंत्र्य – के सम्बन्ध में विवेचन है।

भगवान् श्रीकृष्णजी अर्जुन से कहते हैं कि मनुष्य, मोक्ष या मुक्ति को कर्तव्य पालन से ही प्राप्त कर सकता है। कर्म का त्याग करके मुक्ति पाना असंभव है। जनमान्यता के विपरीत सत्य तो यही है कि कर्म को त्याग बिना मुक्त और आनंदित जीवन व्यतीत करना संभव है।

भगवान् श्रीकृष्णजी आगे कहते है कि प्रत्येक व्यक्ति अपने व्यक्तिगत स्वभाव या प्रकृति के अनुसार योग्य जीवन मार्ग को अपना सकता है। इस तरह से चुने मार्ग को स्वीकार करने के पश्चात् ही वह व्यक्ति उस मार्ग पर चलकर सभी क्षेत्र में परिपूर्णता पा सकता है।

भगवान् श्रीकृष्णजी कहते हैं कि मनुष्य की जीवन प्रणाली मुख्यतः चार प्रकार की होती है। मनुष्य जिस प्रकार की जीवन प्रणाली के गुण विशेषताओं को धारण कर जन्म लेता है उसीके अनुसार उसकी जीवन प्रणाली हो जाती है। जीवन प्रणाली के इस वर्गीकरण को ''चातुर्वर्ण्य'' से सम्बोधित किया गया है और सभी एक समान होते हैं, एक दूसरे की तुलना में इनमें से कोई भी श्रेष्ठ या कनिष्ठ नहीं होता है। हर एक का महत्त्व एकसमान होता है। भगवान् श्रीकृष्णजी के इस कथन से यह बात सूर्यप्रकाश की भांति स्पष्ट है कि व्यक्ति का वर्ण, जिस वर्ण में उसने जन्म लिया है उससे तय नहीं होता अपितु उसने जिस वर्ण के गुण विशेषताओं को धारण किया हो उसके आधार पर उसका वर्ण तय होता है। किंतु दुर्भाग्य है कि हमने अथवा मनुष्यों

ने वर्ण को जन्म के साथ ही जोड़ दिया है और केवल जोड़ दिया इतना ही नहीं बल्कि इसमे ऊँच-नींच का भेदभाव भी करना शुरू कर दिया है।

भगवान् श्रीकृष्णजी इन चार प्रकार की जीवन प्रणालियों की ऐसी विशेषताओं के बारे में बताते है जिनकी सहायता से हर कोई इनमें से अपने में स्थित विशेषता को पहचान कर उसमें निपुणता प्राप्त करने के लिए चुन सकता है। यह जानकर शायद हमें आश्चर्य लगेगा कि, आजकल जब कोई व्यक्ति अथवा छात्र किसी प्रसिद्ध परामर्शदाता या मनोवैज्ञानिक के पास, भविष्य में कौनसा कार्यक्षेत्र चुनना उसके लिए लाभकारी होगा इस बारे में परामर्श प्राप्त करने के लिए जाता है तो वह परामर्शदाता या मनोवैज्ञानिक सर्वप्रथम उस व्यक्ति की अथवा छात्र की रुचि, लगन, चाह, उसके कौशल और गुणों के बारेमे जानकारी लेता है, उस जानकारी का शास्त्रीय सूत्रों के अनुसार मूल्यांकन करता है और फिर मार्गदर्शन करता है। उस व्यक्ति या छात्र ने किस वर्ण में जन्म लिया है इसका इस पूरी प्रक्रिया में कोई महत्त्व नहीं होता और न ही वह परामर्शदाता या मनोवैज्ञानिक इस बारे में कोई प्रश्न करता है।

जिस मनुष्य की गुण प्रवृत्ति शांत और स्थिर चित्त होती है उसे उसी प्रकार की जीवन शैली प्रिय होती है। उसमें सत्य और आध्यात्मिक ज्ञान प्राप्त करने की होड़ होती है। इस गुण विशेषता को धारण करने वाले व्यक्ति को ब्राह्मण वर्ण का मानना चाहिए।

जिस व्यक्ति में नेतृत्व के गुण होते है, जो युद्ध या उसके समकक्ष कार्य करने में आनंद प्राप्त करता हो ऐसे गुण विशेषता को धारण करने वाले व्यक्ति को क्षत्रिय वर्ण का मानना चाहिए।

जो व्यक्ति व्यापार, कलाक्षेत्र, कृषिक्षेत्र के कार्यों मे निपुण है, जिसको यह कार्य करने से आनंद प्राप्त होता हो ऐसे गुण विशेषता को धारण करने वाले व्यक्ति को वैश्य वर्ण का मानना चाहिए।

जिस सहृदय व्यक्ति को, सेवावृत्ति अपनाकर समाज कल्याण के विविध प्रकार के कार्यों के लिए सेवा प्रदान करने में आनंद प्राप्त होता हो और ऐसे कार्यों में जो निपुण होता है ऐसे गुण विशेषता को धारण करने वाले व्यक्ति को शूद्र वर्ण का मानना चाहिए।

इस तरह से देखा जाए तो इन चारों प्रकार के कार्यों को अपनाने वाले व्यक्तियों का एक समान महत्त्व है। सम्पूर्ण मानव जाति के कल्याण के लिए उनके उत्थान और प्रगति के लिए सभी वर्णों के व्यक्ति अत्यावश्यक और एकसमान महत्त्व रखने वाले होते हैं। दुर्भाग्यवश भगवान् श्रीकृष्णजी द्वारा इतने स्पष्ट शब्दों में समझाने के बाद भी इतना महत्त्वपूर्ण संदेश मनुष्यों की समझ में अभी तक नहीं आया है। इस विषय में हमारे कुछ अज्ञानी देशवासी अभी भी जातियों और वर्णों में ऊँच-नींच का भेदभाव करके जाति या वर्ण कर्म के अनुसार न मानते हुए उसे जन्म से जोड़ देते है।

विशाल और वैश्विक दृष्टिकोण को अपनाने वाले छात्रों को इस तरह के भेदभाव से सदैव दूर रहना चाहिए और कोई अन्य ऐसा भेदभाव कर रहा हो तो उसका समर्थन नहीं करना चाहिए। भगवान् श्रीकृष्णजी के शिक्षानुसार हर जाति और वर्ण के व्यक्ति को एक ही नजर व आदर से देखना चाहिए तथा उन सभी के साथ एकसमान बर्ताव करना चाहिए। ऐसा इसलिए होना चाहिए, क्योंकि हम यह जानते हैं कि हर एक के भीतर एक ही परमात्मा का अंश स्थित है।

श्रीमद् भगवद्गीता के इस संकेतार्थ का उपयोग करके हमें अपनी प्रवृत्ति को जानकर अपने जीवन मार्ग को चुनना होगा। उस मार्ग पर चलते हुए अपनी उन्नति और प्रगति के लिए हमारे कौशल को और अधिक परिपूर्ण करने के लिए प्रामाणिकता से प्रयत्न करते रहना होगा। इस तरह हम स्वयं तो मुक्ति का आनंद प्राप्त कर ही लेंगे साथ ही यह सम्पूर्ण जगत भी इस ''वैश्विक बन्धुभाव'' को धारण करने से आनंदमय और सुखी होगा।

अंत में भगवान् श्रीकृष्णजी अर्जुन से प्रश्न करते हैं कि क्या उसने यह गीतोपदेश एकाग्रता से सुना है? क्या अब उसके मन का संदेह दूर हो चुका है? क्या उसकी हताशा और दुःखों का अंत हो गया है? यहाँ हमें इस अत्यंत महत्त्वपूर्ण बात पर ध्यान देना है कि भगवान् श्रीकृष्णजी ने गीतोपदेश के उपरांत अर्जुन को कोई ''आदेश'' न देकर, अर्जुन को क्या करना चाहिए यह निर्णय लेने की स्वतंत्रता दी है। इस पर महारथी तया ज्ञानी शिष्य अर्जुन जो उत्तर देता है वह अत्यंत सुंदर एवं प्रशंसनीय है। वह कहता है, ''हे कृष्ण, मेरे मन में जो भ्रम निर्माण हुआ था वह पूर्णतः मिट गया है। मेरी बुद्धि तथा स्मृति पर से भ्रम का परदा हट गया है। हे भगवान्, यह सब केवल आपकी कृपा का ही प्रसाद है। मेरी सारी शंकाऐं नष्ट होने से अब मैं अपनी कर्तव्य पूर्ति के प्रति निश्चयी हुआ हूँ। अब मैं आपके वचनों के अनुसार अपने सारे विहित कर्म करूँगा।''

काम्यानां कर्मणां न्यासं संन्यासं कवयो विदुः ।

सर्वकर्मफलत्यागं प्राहुस्त्यागं विचक्षणाः ॥१८ –२ ॥

कुछ विद्वानों का मानना है कि फल की आशा लेकर जो कर्म किए जाते हैं उन कर्मों का त्याग करना ही संन्यास कहलाता है तो कुछ अन्य विचारकों का मानना है कि सभी कर्म और कर्म फलों का त्याग ही सही मायने में त्याग कहलाने लायक है।

कार्यमित्येव यत्कर्म नियतं क्रियतेऽर्जुन ।

सङ्गं त्यक्त्वा फलं चैव स त्यागः सात्त्विको मतः ॥१८–९॥

जब शास्त्रों में बताए गए कर्म केवल कर्तव्य भावना से और किसी भी फल की अपेक्षा किए बिना किए जाते हैं तब यह कृति सात्त्विक त्याग कहलाती है।

नियतं सङ्गरहितमरागद्वेषतः कृतम् ।

अफलप्रेप्सुना कर्म यत्तत्सात्त्विकमुच्यते ॥१८ –२३ ॥

जो कर्म शास्त्रों के नियमानुसार, कर्मों का अभिमान छोड़ कर, क्रोध तथा द्वेष भावना को त्यागकर, बिना फल की आशा से किए जाते हैं ऐसे कर्म सात्त्विक कर्म कहलाते है।

ब्राह्मणक्षत्रियविशां शूद्राणां च परन्तप ।
कर्माणि प्रविभक्तानि स्वभावप्रभवैर्गुणैः ॥१८ –४१ ॥

व्यक्ति के जन्मजात गुण विशेषताओं से युक्त कर्मों को ब्राह्मण, क्षत्रिय, वैश्य व शूद्र इन चार एकसमान महत्त्व रखने वाले वर्गों में विभाजित किया गया है।

शमो दमस्तपः शौचं क्षान्तिरार्जवमेव च ।
ज्ञानं विज्ञानमास्तिक्यं ब्रह्मकर्म स्वभावजम् ॥१८ –४२ ॥

आत्मसंयम अंतर्बाह्य शुद्धता, मन, शरीर व इन्द्रियों पर नियंत्रण, क्षमाशील व शांतवृत्ति, अध्ययन तथा अध्यापन करना, ज्ञान और सत्य की खोज में निमग्न रहना इत्यादि जिसकी स्वाभाविक गुण विशेषताऐं हैं वह ब्राह्मण कहलाता है।

शौर्यं तेजो धृतिर्दाक्ष्यं युद्धे चाप्यपलायनम् ।
दानमीश्वरभावश्च क्षात्रं कर्म स्वभावजम् ॥१८ –४३ ॥

धैर्यशीलता, वीरता, हर आपत्ति का निडरता से सामना करना, नेतृत्व-कौशल और दातृत्व इत्यादि जिसकी स्वाभाविक गुण विशेषताऐं हैं वह क्षत्रिय कहलाता है।

कृषिगौरक्ष्यवाणिज्यं वैश्यकर्म स्वभावजम् ।
परिचर्यात्मकं कर्म शूद्रस्यापि स्वभावजम् ॥१८-४४॥

कारीगारिक कुशलता, गौ-पालन तथा कृषि कर्म, प्रामाणिक व्यापार-व्यवहार इत्यादि जिसकी स्वाभाविक गुण विशेषताएं हैं वह वैश्य कहलाता है और सभी वर्गों के लोगों की सेवा करने की स्वाभाविक प्रवृत्ति होना यह शूद्र की गुण विशेषताऐं है।

कच्चिदेतच्छुतं पार्थ त्वयैकाग्रेण चेतसा ।
कच्चिदज्ञानसम्मोहः प्रनष्टस्ते धनञ्जय ॥१८-७२॥

हे अर्जुन, मैंने यह जो गीतोपदेश तुम्हें दिया है क्या तुमने उसे ध्यान से और एकाग्रता से सुना है? क्या, अज्ञानवश जो मोह तुम्हारे भीतर उत्पन्न हुआ था उसका अब सम्पूर्ण निराकरण हो गया है?

नष्टो मोहः स्मृतिर्लब्धा त्वत्प्रसादान्मयाच्युत ।

स्थितोऽस्मि गतसन्देहः करिष्ये वचनं तव ॥१८-७३॥

अर्जुन कहता है, ''हे प्रभु, आप की कृपा से मेरा संपूर्ण भ्रम और मोह पूर्णतः नष्ट हो चुके है और मैंने अपनी बुद्धि और स्मृति फिर एक बार प्राप्त कर ली है। मैं अब आपकी आज्ञा का पालन पूर्णतः संशयरहित हो कर करूँगा और आपके उपदेश के अनुसार अपने कर्तव्य करूँगा।''

हे छात्रों, भगवान् श्रीकृष्णजी का अनुकरण करते हुए मैं भी आपसे पूछती हूँ, ''आपने इस अत्यंत सुंदर भगवद्गीता के सम्बन्ध में जो-जो सुना है, पढ़ा है और जाना है वह सब आपको पसंद आया है न? तो फिर अब आप इस जगत के मानव जाति के उज्ज्वल भविष्य के शिल्पकार बनोगे न? वीर विजेता बनोगे न?''

अर्जुन की तरह योग्य मार्ग चुनने की स्वतंत्रता, निःसंशय आप सभी को भी है। आपके द्वारा चुने हुए मार्ग पर आपको यश की प्राप्ति हो यही भगवान् श्रीकृष्णजी से प्रार्थना है।

।। शुभम् भवतु ।।

टिप्पणी